KB053641

노기섭과 '함께'

노기섭과 '함께'

노동, 인권, 시민의 삶을 위하여

초판 1쇄 발행 2022년 2월 17일

지은이 노기섭
엮은이 최지수
펴낸이 강수걸
펴낸곳 산지니
등록 2005년 2월 7일 제333-3370000251002005000001호
주소 부산시 해운대구 수영강변대로 140 BCC 613호
전화 051-504-7070 | 팩스 051-507-7543
홈페이지 www.sanzinibook.com
전자우편 sanzini@sanzinibook.com
블로그 http://sanzinibook.tistory.com

ISBN 979-11-6861-006-4 03340

노동, 인권, 시민의 삶을 위하여

노기섭과 '함께'

노기섭 지음

산지니

추천사

북구강서구갑 전재수 국회의원입니다.

'노동, 인권, 시민의 삶을 위하여'『노기섭과 함께』책 출판을 진심으로 축하드립니다.

책을 통해 노기섭 의원의 지난 3년 6개월간의 시의회 의정활동을 엿볼 수 있었습니다.

노동, 인권, 시민의 삶 그리고 청년이라는 정책의제는 그동안 부산시에서 소외되고 외면되어왔지만 노기섭 의원이 부산시의 핵심의제로 만드는 데 큰 역할을 해왔음을 알 수 있었습니다. 부산을 위해 노력해주셔서 고맙습니다.

그가 만나는 사람들을 보면, 그 사람을 알 수 있습니다.

김진숙 민주노총 부산지역본부 지도위원, 정귀순 부산시 인권위원회 위원장, 황귀순 부산지하철노조 서비스지부 지부장, 황정규 전국대리운전노동조합 부산지부 사무국장 그리고 부산시청 청경분들.

노기섭 의원 곁에는 항상 노동과 인권이 있었습니다. 약자와 힘없는 사람들이 있었습니다. 앞으로도 지금처럼 노동과 인권의 가치를 드높여주시기 바랍니다. 노동자와 인권 그리고 청년을 위해 노력해주셔서 고맙습니다.

그리고 책을 통해 저의 고향인 북구 만덕동에 대한 노기섭 의원의 애착을 엿볼 수 있었습니다. 저의 지역구이고 저의 고향인 만덕의 사람들과 대화를 나누고 만덕에 대한 생각들을 알아볼 수 있었습니다. 코로나19로 만덕동이 어려울 때 노기섭 의원의 5분 자유발언은 아직도 지역주민들 사이에서 회자되고 있습니다. 만덕을 위해 노력해주셔서 고맙습니다.

『노기섭과 함께』에는 만덕동 주민들의 인터뷰가 있습니다. 제가 잘 아는 분들입니다. 우영상 만덕1동 시장 상인회장님, 정신모 만덕종합사회복지관장님 그리고 공동체 '고치' 선생님들. 반가운 분들입니다. 인쇄된 활자를 통해 만나니 더 반갑습니다. 함께해주셔서 고맙습니다.

책을 쓰기가 쉽지 않습니다. 힘든 과정입니다. 아마도 말 못 할 사연도 많았을 겁니다. 그럼에도 불구하고 '노동, 인권, 시민의 삶을 위하여' 『노기섭과 함께』가 세상의 빛을 보게 되었습니다. 출판사 산지니를 비롯한 많은 분들이 함께하셨을 것입니다. 『노기섭과 함께』 출판을 위해 수고해주셔서 고맙습니다.

저도 노기섭 의원과 함께 부산을 위해, 북구를 위해 그리고 민덕과 덕천, 덕천과 만덕의 주민을 위해 노력하겠습니다.

다시 한번 더 진심으로 출판을 축하드립니다.

2022년 2월 어느 날

국회의원 전재수

추천사

"노기섭과 함께" 하겠습니다.

사람도 사물도, 어떤 일과 상황도 그 속을 제대로 알려고 이리저리 살피고 들여다보지 않아도 그저 자연스럽게 알게 되는 경우가 있습니다.

'어? 언제 저 사람이 나랑 이렇게 친해졌지?'

'어? 저 물건은 언제부터 저 자리에 있었던 거더라...?'

노기섭 의원이 그런 사람입니다. 20년 전부터 인연이 있었고, 오래도록 지켜보고, 누구인지 알았지만, 이렇게까지 깊이 신뢰를 갖고 흠뻑 좋아하게 될 줄은 몰랐으니까요.

노기섭 의원은 그런 사람입니다. 빛나는 자리가 아니더라도 묵묵하게 자기가 있어야 할 자리, 자신이 서 있기로 한 자리를 찾아 조용하지만 그 무엇보다도 중요한 일들을 해냈습니다. 그리고 그 결과들을 말없는 미소와 함께 주위 동료들, 함께하는 시민들과 나눠왔습니다. 백만 불짜리 사나이이고, 알토란 같은 부산의 시의원이자, 어려운 일 마다하지 않는 진짜 일꾼입니다.

그런 노기섭 의원이 첫 책을 펴냅니다. 그 책의 초고를 받아 들고 그의 삶을 다시 읽었습니다. 묵직합니다. 변화무쌍한 세상에 초지일관하는 그의 무거운 의지가 반짝입니다.

추천사를 부탁받았습니다. 진심으로 영광이었습니다. 그의 첫 책에 추천사라는 게 얼마나 가슴 떠는 설렘인지 모릅니다.

노기섭 의원과 저는 세상을 바꾸겠다는 의지로 만났습니다. 멀리 있어 잘 알지 못했지만 그 존재를 알고 하는 일을 짐작하는 정도였습니다. 20년 세월이 흘렀습니다. 언제부터 그랬는지 모르겠지만 저는 민주당의 서울 국회의원으로, 노기섭 의원은 부산시민의 사랑을 받는 부산시의원으로 서로를 바라보고 있습니다. 제가 참 많이 의지하고 믿고 신세지고 살고 있습니다.

책의 제목이 "노기섭과 함께"라고 하니 그 함께하는 큰 흐름에 작은 구석에서라도 함께하겠다는 의지로 추천의 글을 남깁니다. 이 책을 통해 그가 함께해온 사람들, 그가 함께 이뤄온 일들을 알게 되시면 그에게 흠뻑 빠져드실 겁니다.

이 책을 통해 그가 해나갈 일들, 그가 변화시켜나갈 부산과 대한민국의 미래를 함께 이야기할 수 있으면 좋겠습니다. 그 일을 함께 하시게 된다면 저쪽 한 구석에 서 있는 박용진도 만나실 수 있을 겁니다.

저도 "노기섭과 함께" 하겠습니다.

여러분께서도 "노기섭과 함께" 해주십시오.

국회의원 박용진

추천사

짧지 않은 시간 고민하고 준비하신 것으로 알고 있습니다. 마치 인생의 한 시기를 맺는 구두점처럼, 해묵은 숙제처럼, 마음속에 오래 품었던 일 아니신가 싶은데요. 그렇게 세상에 내어놓으신 첫 책 『노기섭과 함께』 출간을 축하드립니다.

그때 우리는 그랬습니다. 딱히 운동이라거나 정치라고 이름 붙이지 않고도 누구나 시대와 사회의 부조리를, 정의를 논했습니다. '그럼에도 불구하고' 왜 정치가 중요한지를 진지하게 고민했으며 각자의 삶 속에 그 고민들을 녹여내는 일에 참 오랜 시간 노력을 기울여왔습니다.

그렇게 어느 지점에 이르러 어깨를 겯고 선 벗과 이웃의 반 걸음 앞에서 우리의 이야기를 했었고 또 어느 날엔가 현실 정치의 일선에 나와 적지 않은 갈등과 좌절도 겪었습니다.

노기섭 의원님께서는 비교적 최근에야 정치 메인 스트림에서 적극적으로 다루고 있는 노동, 인권 문제에 오래전부터 집중해오셨습니다. 특히 지역 정치에서 노동과 인권 의제는 다른 정책 현안에 비해 후순위로 다루어져온 맥락 속에서 제8대 시의회 출범과 함께 시의회를 통해 모습을 드러내었던 청년 정책들과 노동·인권에 방점을 찍은 의제들, 발언들은 실로 뜻깊고 반가운 것이 아닐 수 없었습니다.

이러한 노동, 인권, 청년정책에 대한 소신, 더불어 오래전 삶이 터전이 된 북구, 만덕에 대한 애정과 유대감으로 엮어낸 이웃들의 이야기가 반갑고, 활동가로서 연대했던 당대의 인물들에 얽힌 이야기도 기대가 되지요.

모쪼록 이 책이 참 괜찮은 사람 노기섭, 괜찮은 정치인 노기섭의 이야기를 더 많은 분들께서 눈여겨보시는 안내서가 되기를 기대하며 풀뿌리 민주주의의 발전에 복무하는 주자로서, 광역도시 부산의 정책과 지향을 담보하는 시의회의 일원으로서뿐 아니라 지역 사회의 한 구성원이자 지성인으로서 노기섭 님께서 앞으로 이어나갈 행보에 신뢰와 응원을 보냅니다.

부산광역시 북구청장 정명희

차례

PART 3 시민의 삶을 위한 정책

PART 4 나의 삶 그리고 나의 터전 만덕·덕천

프롤로그

책을 출판하게 되었습니다. 출판은 저의 버킷리스트 중 하나였는데, 막상 세상에 내놓으려고 하니 설레는 한편 부끄럽기도 합니다.

세 번 낙선하고, 네 번째 도전 끝에 부산시의원이 됐습니다. 저의 주요 관심 분야는 노동, 인권, 청년이었습니다. 8대 의회 이전에는 버림받다시피 했던 분야였지요. 관련 정책이 전무했습니다.

의정활동을 하면서 이 분야에 대한 주요 정책들을 만들며 관련된 사람들을 만나고 인터뷰했습니다. 이 자리를 빌려 인터뷰에 응해주신 모든 분들에게 진심으로 감사드립니다. 지면의 한계상 인터뷰를 했지만 싣지 못한 내용들도 많습니다. 넓은 마음으로 이해해주시면 좋겠습니다.

책에는 의정생활 동안의 정책뿐 아니라 저의 이야기도 담았습니다. 왜 학생운동을 하게 됐는지, 왜 시의원이 되고자 했는지 책의 한 갈피에 넣었습니다. 지극히 개인적인 부분이기도 하고 누구에게도 알리지 않은 이야기이기도 합니다.

책에 담긴 의정활동은 저 혼자만의 성과물이 절대 아닙니다. 노동의 문제를 함께 고민하고, 함께 풀어준 도용회 기획재경위원회 위원장님과 조례가 통과되도록 도와주신 기획재경 위원회 동료 의원(문창무, 배용준, 오원세, 김문기, 윤지영, 곽동혁 의원)님, 신상해, 박인영 의장님을 비롯한 47명의 8대 부산시 의회 의원들의 성과물이기도 합니다. 그리고 도움을 주신 입법정책 박사님들과 전문위원실의 위원님들도 계십니다. 특히 김경희 박사님께서는 저의 중심 의정활동인 시정 질문과 5분 자유발언에 많은 도움을 주셨습니다. 정말 고맙습니다.

끝으로 책을 준비하면서 막힌 부분을 다듬어준 최지수 님께 진심으로 감사드립니다. 저의 게으름 때문에 지치고 힘들어하면서도 끝내 『노기섭과 '함께'』에 힘을 보태어주신 남원철 님께도 정말 고맙다는 말을 전합니다. 그리고 촉박한 시간임에도 불구하고 부족한 책이 세상의 빛을 보게 도와주신 강수걸 대표님과 이수현 실장님을 비롯한 산지니 식구들에게도 진심을 담아 감사드립니다.

이 책은 제가 출판했지만, '함께' 읽어주는 독자분들의 것이기도 합니다. '노기섭과 함께' 가벼운 마음으로 읽어주시기 바랍니다.

PART 1

노동의 불모지에 노동을 심다

부산의 노동 생태계 구축

2018년 7월 1일. 8대 의회의 첫 일정을 시작하며 저의 목표는 부산에 노동이라는 개념을 확실히 하자는 것이었습니다. 대부분의 부산시민은 노동자입니다. 하지만 부산시의 노동정책은 말하기도 부끄러운 상황이었습니다. 노동권은 노동의 능력과 의욕을 지닌 사람이 사회적으로 일할 기회의 보장을 요구할 수 있는 권리입니다. 헌법에서도 단결권, 단체교섭권, 단체행동권 등 노동 3권을 보장하고 있습니다. 얼마나 중요한지 이 권리는 '생존권적 기본권'이라고 불리기도 합니다. 그런데 노동인권이 보장받지 못하고 존중되지 않는 부산의 현실을 시의회에 들어와 마주했습니다. 몰랐던 사실도 아니었는데 시의원으로서 바라보니 또 다른 느낌으로 다가왔습니다. 그래서 시작했습니다.

노동인식을 향상시키는 가장 기본적이고도 중요한 지점 중 하나가 '표현'입니다. 쓰는 단어가 인식도 지배하기 때문입니다. 그래서 부산시에서 그동안 사용되고 있었던 '근로'라는 표현을 '노동'으로 바꾸는 작업을 진행했습니다. 근로자는 사용자에게 종속된 개념의 '근면하고 성실하게 일하는 사람'을 말합니다. 반면 노동자는 노동력을 제공받는 쪽인 사용자와 대등한 관계를 나타냅니다. 따라서 근로보다는 노동이라는 표현이 노동인식을 향상시키고 노동존중 개념을 확립해 나가는 데 더 알맞습니다. 그래서 '근로 관련 용어 정비를 위한 부산광역시의회 중증장애 의원에 대한 의정활동 지원 조례 등 일부개정 조례'를 통해 부산시의회에서 사용하고 있던 기간제 근로자, 무기 계약 근로자, 근로 지원인, 근로자 복지, 모범 근로자, 자활 근로 사업단, 근로환경, 근로여건, 외국인 근로자, 퇴직근로자 등에 포함된 '근로'를 모두 '노동'으로 바꾸었습니다.

근로라는 표현 대신 노동이라는 단어를 사용하는 것은 매우 기본적이지만 그만큼 중요한 과제였습니다. 이어 이것을 발판으로 부산의 노동존중을 더욱더 확산시킬 수 없을까 동료의원, 시민사회단체와 함께 고민하기 시작했습니다. 그리고 부산시의원으로서 부산에 노동이라는 개념을 정확히 확립할 수 있도록 큰 축이 되는 조례인 '부산광역시 노동자 권익 보호 및 증진을 위한 조례'를 제정했습니다.

'부산광역시 노동자 권익 보호 및 증진을 위한 조례'는 말 그대로 노동자를 위한 조례입니다. 노동 불모지와 다름없었

"비정규직 노동자들. 불법 정리해고. 추운 겨울 얇은 천막 안에서 밤샘 농성을 이어가는 풍산금속 노동자들에 대한 노동인권 탄압. 지금까지 부산시는 묵묵부답으로 일관해왔습니다. 이 노동자들의 목소리를 수용하고 발전시키는 노동문화가 부산시에서 먼저 시작되어야 합니다."

던 부산에 노동존중이라는 작은 나무 한 그루를 심는 일이었습니다. 이 나무가 얼마나 튼튼하게 뻗어나갈지는 지금 발걸음에 달려 있다고 생각했습니다. 청소년, 여성, 비정규직, 파견, 이주노동자를 비롯한 노동자와 이동노동자를 위한 이 조례는 노동기본계획 수립, 노동권익센터와 이동노동자쉼터 설치, 노동권익위원회 운영을 기본으로 합니다. 노동권익위원회에서 노동기본계획에 대해 논의하고, 부산시와 부산노동권익센터, 이동노동자쉼터가 그 역할을 수행할 수 있는 선순환 구조를 만들기 위해 노력했습니다. 공무원, 노동전문가, 시민사회단체, 연구자 등을 아울러 부산의 노동정책을 제안하고 만들고 실행하는 구조를 만든 것입니다. 이렇게 3년 동안 줄기차게 요구한 결과로 노동을 전담하는 국도 생기고 노동권익센터도 생기고 이동노동자지원센터도 생기고 실태조사를 통해 중장기 계획도 모두 실현할 수 있게 됐습니다.

토대가 되는 부산시 노동정책기본계획을 통해 향후 5년간의 부산시 노동 정책의 로드맵을 마련하는 데 힘썼습니다. 이런 대도시에 노동과 관련한 기본계획조차 없었던 것이 부산의 현실이었습니다. 부산시민의 입장에서 보면 늦었지만, 그래도 처음으로 기본계획을 세우고 부산 특성을 반영한 핵심과제 10가지를 선별했습니다.

영남권 최초로 부산에 설립한 노동권익센터는 ① 부산시 노동환경 실태조사 및 정책 연구, ② 전문인력을 활용한 노동

상담과 법률지원 및 구제사업, ③ 노동존중 문화 확산을 위한 대시민 노동권익 교육과 홍보 · 캠페인, ④ 민관 협력적 노동사회 네트워크 구축을 실시하며 부산의 전반적인 노동 허브 역할을 담당합니다. 이어 만들어진 이동노동자지원센터는 플랫폼과 이동노동자들에게 조금 더 밀착한 노동서비스를 제공하고 있습니다.

제가 의정활동을 하면서 제정이나 개정에 참여한 조례 25개 가운데 17개가 '노동'과 관련되어 있습니다. 부산광역시 고용상의 차별행위 금지에 관한 조례, 부산광역시 공공기관 노동이사제 운영에 관한 조례, 부산광역시 이주노동자 인권 보호 및 증진을 위한 조례, 부산광역시 이동노동자지원센터 설치 및 운영에 관한 조례, 부산광역시 청원경찰 처우 개선에 관한 조례, 부산광역시 산업재해 예방 및 노동자 건강 증진을 위한 조례, 부산광역시 대리운전 노동자의 권익 보호를 위한 조례, 부산광역시 노동권익센터 설치 및 운영 조례, 부산광역시 노사정협의회 설치 및 운영 조례 등의 제정에 참여했습니다. 저의 의정활동은 노동존중 부산이라는 큰 축을 중심으로 취약 노동자들을 위한 노력들이 일맥상통하게 이어집니다.

"비정규직 노동자들. 불법 정리해고. 추운 겨울 얇은 천막 안에서 밤샘 농성을 이어가는 풍산금속 노동자들에 대한 노동인권 탄압. 지금까지 부산시는 묵묵부답으로 일관해왔습니다. 이 노동자들의 목소리를 수용하고 발전시키는 노동문화가 부산시에서 먼저 시작되어야 합니다."

-2019년 1월 15일, 부산광역시의회 제275회 임시회 제1차 본회의 5분 자유발언 中

제가 시의회에 입성하고 처음으로 노동에 대해 준비한 5분 자유발언 중 일부입니다. 그때와 지금, 여전히 달라지지 않았습니다. 비정규직이면서 최저임금 수준에도 못 미치는 임금을 받으며 장시간 노동을 감수하는 노동자들, 여전히 너무 많습니다. 소외된 곳에서 노동자가 목숨을 잃고 70, 80년대에나 일어날 것 같은 노동 탄압, 지금도 계속되고 있습니다. 그러나 한 가지. 그때는 착잡한 심정이었다면, 지금은 해볼 수 있을 것이라는 희망이 앞섭니다. 부산시의회에서 저와 부산시민이 함께 심은 노동존중이라는 작은 나무. 조금씩 변화를 이뤄내고 있고, 이뤄낼 겁니다.

비정규직이라고
삶마저 차별받을 수 없습니다

우리 사회가 가지고 있는 많은 아픔 중에 아마도 삶의 무게를 가장 무겁게 하는 일이 노동현장에서의 차별이지 않을까 생각합니다. 그중에서도 가장 대표적인 문제가 단연 비정규직 노동현장의 차별입니다. 저는 시민들의 대표로서 그리고 노동존중, 인권도시 부산을 이루고 싶은 한 시민으로서 차별당하고 고통에 신음하는 시민들의 곁에 있고 싶었습니다. 그것이 저의 의정활동 원동력이었다고 자부할 수 있습니다.

노동정책의 근간을 세우기 위해 노동 관련 조례들을 제·개정하며 비정규직 노동자에 대한 조례 역시 새로운 틀을 만들었습니다. '부산광역시 비정규직근로자 권리보호 및 지원에 관한 조례' 개정을 통해 용어 변경은 물론 비정규직 노동자의 권리보호 및 노동조건 향상에 관한 제도적 기반을 다졌습니다. 단순히 이전 조례의 미비점을 보완하기 위한 개정을 넘어 노동자로서의 정체성을 바로 세우는 일, 비정규직 노동자의 권리 향상을 위한 부산시의 역할과 책임을 만드는 일이었습니다.

모든 시민은 노동자라고 저는 생각합니다. 그런 의미에서 비정규직이라는 차별적이고 불공평한 현실 역시 시민들의 삶의 일부가 되어 있는 셈입니다. 결코 특정 누군가를 위한 일이 아닌 지금의 차별적 노동환경을 꿋꿋이 살아내고 있는 시민들 그리고 피하지 못하고 그 무게를 감당하게 될 보통의 청년들을 위해서 노동자들이 보호받는 일, 특히 비정규직 노동자들을 보호하는 일은 멈출 수 없는 중요한 일입니다. 물론 미약한 변화일 수 있습니다. 하지만 저의 생각과 마음은 늘 노동자 곁에 있고 싶었습니다. 저의 의정활동이 그렇게 인정받을 수 있다면 더할 나위 없이 좋을 것 같습니다.

> "재정관님은 주위에 한 달 식대가 1000원인 사람이 있다면 믿겠습니까? 바로 우리 시청 후문에서 170일 동안 피켓팅을 하고 있는 도시철도 노동자들입니다. 이분들 한 달 식대가 천 원입니다. 어떻게 이런 일이 벌어지죠?"
>
> - 2019년 7월 17일 제279회 임시회 제3차 기획재경위원회 질의응답 中

2019년 12월 5일, 부산시청 지하철 역사에서 부산지하철 청소용역노동자들의 농성이 시작됐다는 소식이 들려왔습니

"부산지하철 청소노동자들을 직접 고용하여 정당하게 대우하는 것이 지난 35년간의 차별을 바로 잡는 일이고, 인권 도시 부산을 만들기 위한 상징적인 첫걸음입니다."

다. 차별당하고 있는 자신들의 현실을 외치기 위해서였습니다. 따뜻함이라곤 찾아볼 수 없는 한겨울, 수많은 사람이 오가는 지하철 역사에서 그들은 농성을 시작했습니다. 부산지하철 청소용역노동자들에게 더없이 냉정한 겨울이 아닐 수 없었습니다.

그때 당시 한겨레신문을 통해 드러난 부산지하철 청소용역노동자들의 삶은 그 아픔을 저의 마음에도 심어주기에 충분했습니다. 청소용역노동자들은 새벽마다 지하철역에 사람들이 토해놓은 온갖 흔적을 닦아내야 했지만 비정규직이라는 이유로 차별받아왔습니다. 정규직에겐 비누, 치약, 세탁기다 주면서 용역업체 청소노동자에게는 청소용품조차 제대로 지급하지 않는 게 당시 현실이었습니다. 제대로 일할 수 있는 환경조차 차별로 인해 주어지지 않았습니다. 게다가 그분들은 한 달 식대가 불과 1000원밖에 되지 않았습니다. 한 끼라고 해도 턱없이 부족한데 무려 한 달 식대가 1000원이라니. 계산해보면 밥 한 끼로 쓸 수 있는 돈이 19원 정도의 수준이었습니다. 19원이라는 금액이 우리 사회의 보편적인 상식의 한 끼 식대 값이라고 볼 수 있는 금액일까요. 마음이 아프다는 말로는 부족했습니다. 결국 이분들은 출근해서 두 끼의 식사를 직접 해 드셨습니다. 하지만 이마저도 녹록지 않았습니다. 부산지하철 청소용역 노동자들에게는 밥을 지어 먹을 공간마저 허락되지 않았습니다. 부산지하철 청소노동자들의 직접고용이 단순한 처우개선의 문제가 아니라 한 사람의 인권을 지키기 위한 일임을 저는 느낄 수 있었습니다. 그렇게 생긴 마음의 짐은 결국 저의 5분 자유발언으로 표현되기도 했습니다.

340만 인구가 사는 도시, 우리나라 제2의 도시라는 부산에서 시민의 이동수단인 지하철에서, 부산교통공사라는 공공기관에서 이러한 일이 일어났다는 것이 정말 부끄러웠습니다. 보이지 않는 곳에서 일한다고 그들의 노동마저 존재감이 없을 순 없습니다. 오히려 보이지 않는 곳에서 시민들의 일상을 지탱하기 위해 애쓰는 노동의 값어치는 훨씬 존중받아 마땅합니다. 매일 반복되는, 익숙하게 경험하는 일상이 그들의 희생과 노력으로 유지되기 때문에 더욱 감사해야 마땅한 일입니다. 저는 한편으론 분노와 또 한편으론 위로와 감사의 마음으로 그렇게 5분 자유발언을 준비하게 되었습니다.

물론 혼자 고민하고 결정할 수 없었습니다. 현장을 찾아가고 또 시민의 안전과 인권을 위해 노력하는 이들을 만났습니다. 부산지하철노동조합을 만나고, 인권단체들을 만났습니다. 2019년 12월 18일, 제1차 부산인권정책포럼에서는 농성 중인 청소용역 노동자들, 인권시민사회단체 활동가들과 함께 의견서를 만들어 부산시장께 전달하기도 했습니다.

〈인권도시 부산을 위한 첫걸음은 '부산지하철 청소노동자의 직접고용'〉이라는 의견서에서 우리는 "고령의 여성노동자이며 지난 35년간 외주용역 비정규직 노동자로 차별받고 있는 지하철 청소 노동자들을 정부의 '비정규직 제로화', 부산시의 '노동존중 부산' 정책에도 불구하고 간접고용 노동자로 전환하는 것은 청소 노동에 대한 차별, 여성 고령 노동자에 대한 차별을 계속 유지하려는 것"이라고 외쳤습니다. 저는 그 외침까지도 저의 부족한 5분 자유발언에 담기 위해 노력했습니다. 이처럼 함께 연대할 수 있었던 순간은 그 자체로도 감사한 기억으로 남아 있습니다. 그해 겨울이 저에게 조금이나마 따뜻하게 남아 있는 이유이기도 합니다.

"부산지하철 청소노동자들을 직접 고용하여 정당하게 대우하는 것이 지난 35년간의 차별을 바로잡는 일이고, 인권 도시 부산을 만들기 위한 상징적인 첫걸음입니다."

"부산지하철 청소노동자의 직접고용을 인권 차원에서 살펴보고 이를 해결하기 위해서는 노동존중과 인권 도시를 지향하는 부산시가 직접 나서야 한다고 생각합니다."

- 2020년 1월 10일, 부산광역시의회 제283회 임시회 제1차 본회의 5분 자유발언 中

부산지역 공공기관의 공공성 강화

부산시민의 삶의 질을 높이기 위해 노력하는 많은 곳들 중에서 공적 서비스를 담당하고 있는 공공기관의 중요성을 빼놓을 수 없습니다. 민간 영역을 선도함은 물론 직접적으로 좋은 공공서비스를 제공할 수 있는 곳이기 때문입니다. 그렇기에 공공기관이 제 역할을 잘 할 수 있도록 변화시키는 일 역시 중요합니다. 특히 우리 사회는 공공(정부)이 책임져야 할 일들을 그동안 위탁의 형태로 맡기거나 수익성 중심의 운영·평가를 해 그 중요성을 외면해왔습니다. 그 결과 운영의 주체만 공공(정부)일 뿐 공공성이 상실된 부분도 많았습니다. 애석하게도 공공성의 상실로 인한 고통은 고스란히 시민들이 짊어지고 있습니다. 최근 우리 사회의 사회 공공성이 강조되는 것도 이러한 구조적 배경에서 나왔다고 볼 수 있습니다.

저는 부산지역의 공공성을 높이기 위한 해답을 공공기관의 변화에서부터 찾으며 의정활동을 해왔습니다. 제8대 부산시의회는 임기를 시작한 초기였던 2018년 8월, '부산광역시 산하 공공기관장 인사검증 업무협약서'를 부산시와 체결했습니다. 당시 검증대상은 6개 공사공단(부산교통공사, 부산도시공사, 부산관광공사, 부산시설공단, 부산환경공단, 부산지방공단스포원)이었고 추후 출자 · 출연기관으로 확대 실시하기로 하며, 기관장 인사청문회를 도입했습니다. 또한 부산시에 공공기관장 2+1 평가제도를 도입해 내부 평가 및 행정안전부 경영평가 외에 기관의 운영을 평가할 수 있는 기회가 만들어졌습니다. 공공기관의 변화를 기대할 수 있는 최소한의 기반이 구축된 것입니다.

이러한 흐름 속에 새로 도입된 제도의 한계와 보완점들을 노동시민사회단체들과 머리를 맞대며 고민했습니다. 특히, 부산시의회 의원으로서 입법 활동을 통한 제도개선을 위해 노력했습니다.

먼저 공공기관의 투명성과 민주적 운영을 위해 타 지역에서도 시행하고 있는 '노동이사제'를 부산에 도입하기 위해 노력했습니다. '노동이사제'는 노동자 대표가 이사회 멤버로서 발언권과 의결권을 갖고 기관의 의사결정 과정에 참여하는 방식입니다. 이는 노동자를 기업 경영의 한 주체로 보고 노동자에게 결정권을 주는 것으로 이사회에 참여한 노동이사는 노동자의 이익을 대변해 발언권과 의결권을 행사합니다. 독일을 비롯한 유럽 대부분의 나라에서는 보편화된 제도입니다.

'부산광역시 공공기관 노동자이사제 운영에 관한 조례'는 제가 공동발의자로 참여하여 만들어낸 변화 중 하나입니다. 조례가 제정되기까지 두 차례나 안건 상정을 보류하는 일도 있었고, 토론회를 비롯한 각종 의견수렴의 과정을 거치며 우여곡절 끝에 제정된 조례이기도 합니다. 아쉬움이 남는 부분이 있다면 앞선 의견수렴 과정에서 부산시가 같이 의견을 제시하고 보완했다면 좋지 않았을까 하는 점입니다. 앞으로 개정의 필요성이 있어 다시 논의를 하게 된다면 꼭 챙겨보고 싶은 부분이기도 합니다. 노동자가 이사가 되면 전문성이 결여된다는 부산시의 부정적인 의견마저 넘어서고야 결국 노동자이사제는 부산에 도입되었습니다.

조례를 통해 부산시는 기관장의 책무, 노동자 이사의 권한 등을 담은 세부운영 지침을 만들게 되었습니다. 조례에 따라 노동자 수가 100명이 넘는 기관은 의무도입, 나머지는 기관장 재량으로 도입하게 되었고 의무도입 기관은 총 9개의 기관이 해당되었습니다.(부산교통공사, 부산도시공사, 부산관광공사, 부산시설공단, 부산환경공단, 부산의료원, 부산경제진흥원, 부산신용보증재단, 부산테크노파크)

지난 2020년 7월 2일 부산시설공단이 부산시 공공기관 최초로 노동자이사제가 도입된 이후 부산교통공사, 부산연구원 등이 노동이사를 선발했고, 선발된 노동자 이사는 임기동

안 비상임 자격으로 일반 업무를 하면서 이사회에 의결권을 행사할 수 있게 되었습니다. 공공기관의 운영과 관련하여 견제 및 감시의 역할의 강화와 공공기관 지배구조 내에 노동자의 참여가 이루어지는 순간이었다고 평가할 수 있겠습니다.

저의 의정활동 중 공공기관의 공공성을 높이기 위한 또 하나의 노력이 있다면 '공공기관 노사정 협의회' 설치를 이야기할 수 있습니다. 부산광역시 노동정책기본계획의 10대 핵심과제 중 하나이기도 한 공공기관 노사정 협의회는 노사갈등 해결 및 소통 창구로서의 역할도 수행할 수 있겠지만 앞서 이야기한 사회 공공성을 어떻게 실현할 것인가, 공공기관의 사회적 책임을 강화해 시민들의 삶의 질을 어떻게 높일 수 있을 것인가와 같은 본질적이고 필수적인 물음에 답을 찾아가는 일을 수행할 수 있는 주요한 기구입니다.

"공공부분의 안정적인 노사관계를 위한 상시 대화기구 마련을 통해 모범적인 노사 모델을 정립하고 이를 민간으로 확산하여 노동이 존중받는 부산을 만드는 데 이바지하고자 본 조례를 제정하고자 합니다."

- 2021년 7월 15일, 제298회 임시회 제4차 기획재경위원회 제안설명 中

저는 노사정협의회 구축을 위해 '부산광역시 공공기관 노사정협의회 설치 및 운영 조례' 제정에 앞장섰습니다. 협력과 소통을 통한 노사 상생방안을 마련하기 위함이었고, 노사가 함께 행복한 노동환경을 조성하는 데 이바지할 수 있을 것이라는 기대였습니다.

돌이켜 보면 공공기관, 지방 공기업의 공공성을 높이기 위한 일의 핵심은 결국 지배구조를 개선하는 것이었습니다. 시민의 삶을 고민하고, 시민들의 힘에 영향을 받아야 할 공공기관이기에 민주적인 통제장치, 참여장치가 마련되는 것이 가장 먼저인 것입니다. 그런 의미에서 제가 공동발의로 함께한 노동자이사제, 노사정협의회 도입은 그 시작을 열었다고 평가할 수 있겠습니다. 미흡한 부분이 있을 수도 있고 또 어떻게 운영해나가는지에 대해 고민이 없는 것은 아닙니다. 그래도 변화의 기반을 다졌다는 일에 저의 의정활동을 조금은 넉넉하게 평가할 수 있을 것 같습니다.

부산시 생활임금 1만 원 시대의 개막

"이제, 진짜 사용자가 나서야 합니다!"

생활임금. 최저임금 이상으로 노동자가 최소한의 인간적, 문화적 생활을 유지할 수 있도록 결정된 금액입니다. 생활임금은 부산시 소속 노동자와 산하 공공기관 무기계약직, 기간제 노동자를 비롯해 부산시 시비 민간위탁사무 수행 노동자에게 적용됩니다. 제가 위원장으로 있는 '부산광역시 생활임금위원회'에서는 2022년 생활임금을 1만 868원으로 책정했습니다. 이것은 작년보다 5.1% 상승한 금액입니다.

하지만 부산시는 '부산시 소속 노동자에게 생활임금 이상의 급여를 지급할 수 있도록 노력하여야 한다'라는 임의규정만 두고 있었습니다. 강제성이 없으니 당연히 적용률도 높지 않았습니다. 생활임금은 단순히 공공부문 노동자들에게만 해당되는 것이 아닙니다. 당장 적용은 공공부문에 되지만 부산시가 모범사용자로서 민간기업에 앞서 선도적으로 최저임

생활임금. 최저임금 이상으로 노동자가 최소한의 인간적, 문화적 생활을 유지할 수 있도록 결정된 금액입니다. 시민의 공감대 형성 없이 민간 영역에 대한 생활임금 확산은 어렵습니다.

금보다 높은 수준의 생활을 노동자에게 보장해주자는 의미가 내포되어 있습니다. 그리고 민간 부문에 이를 확산시키는 데까지 나아가는 것을 목표로 해야 합니다. 그 과정에서 부산시의회의 역할이 얼마나 중요한지도 잘 알고 있었기에 생활임금위원회 위원장으로서 책임감을 느꼈습니다.

조례를 통해 2020년 9월 영남권 최초로 개소한 부산노동권익센터에서 부산시 민간위탁기관 실태조사를 실시했습니다. 조사 결과 2021년 8월 부산시가 수행하는 민간위탁기관 노동자 2460명 중 정규직은 597명에 불과했고 무기계약직은 988명, 무려 40.2%로 가장 많은 비중을 차지했습니다. 기간제노동자도 875명으로 35.6%에 달했습니다. 이들 노동자 중 다수는 생활임금을 지원받지 못하고 있었습니다. 무기계약직, 기간제, 비정규 단시간 노동자, 용역 노동자들은 최저임금에 간신히 턱걸이한 상태였고 정규직과의 격차는 기본 시급에서 평균 14.5% 이상 벌어졌습니다. 시 산하기관의 노동자들에게 성별, 고용형태와 상관없이 생활임금을 적용하도록 조례로 정해 놓았음에도 조례를 위반하고 있었습니다.

민간 영역까지 생활임금 적용 확대가 언급되고 있는 상황이 무색하게 부산시는 민간위탁기관에조차 생활임금 적용을 제대로 하지 않고 있었습니다. 시민의 공감대 형성 없이 민간 영역에 대한 생활임금 확산은 어렵습니다. 이 점을 고려해 조례 개정, 민간위탁기관 결정시 생활임금 반영 여부 평점에 포함 등 다양한 방법을 모색하겠다고 생활임금 인상 당시 부산 시민들께 약속드렸습니다. 근로에서 노동으로, 비정규직 노동자 처우개선, 노동정책기본계획수립부터 부산노동권익센터, 이동노동자지원센터 설립, 공공부문 노동개혁까지. 시의회에 들어와서부터 지금까지 노동존중 부산을 위해 꾸준히 달려왔습니다. 이런 노력들이 조금씩 쌓여 더 나아가 생활임금 확대에 대한 목소리도 낼 수 있게 된 것 같습니다. 더욱 높은 수준의 노동존중 부산으로 가는 길에서 진짜 사용자가 나서지 않으면, 노기섭이 나서겠습니다.

PART 2

노기섭이 만난 사람들

김진숙 민주노총 부산본부 지도위원

우리 사회는 '성장'이라는 말로 인간다운 삶을 살아갈 권리, 노동자로서 존엄하게 일할 권리를 짓밟으며 지내왔습니다. 우리는 가슴 아프게도 그 시간들을 역사로 기억하고 또 살아내고 있습니다. 과거 우리나라의 제조업을 비롯한 산업의 기반들이 다양하게 존재했던 부산이라는 도시도 그와 다르지 않은 역사를 보내왔습니다. 그 역사 속에서 투쟁이라는 말이 가장 잘 어울리는 사람, 그 존재 자체인 사람이 지금까지도 아픈 몸을 이끌고 투쟁해오고 있습니다. 그 현실과 아픔, 그리고 미래를 위한 마음을 담아 김진숙 지도위원님과 이야기를 나누었습니다. 황이라 민주노총 금속노조 부산양산지부 미조직부장님이 함께해주셨습니다.

노기섭 귀한 시간 함께해주셔서 감사합니다. 부산시의회 노기섭 의원입니다. 안녕하시냐는 인사를 여쭙기도 송구합니다. 그럼에도 많은 질문을 오늘 드리고자 합니다. 우리 사회와 노동자들을 위해 고견을 보태어 주시면 감사드리겠습니다. 먼저 김진숙 지도위원님께서 어떤 투쟁을 해오시면서 오늘날까지 오시게 되셨는지 설명을 해주시면 감사하겠습니다.

황이라 지도위원님은 1986년 대한조선공사주식회사(현 한진중공업) 재직 당시 '대의원 대회 다녀와서'라는 유인물을 뿌렸다는 이유로 대공분실에 끌려가서 고문을 받았어요. 해고를 당하셨고요. 지금까지 투쟁을 이어오고 있습니다. 그때 법적인 절차를 밟지 않았냐고 하는 사람도 있어요. 그런데 당시에는 노동자와 관련된 판결 중 승소한 사례가 거의 없었습니다. 이길 수가 없는 상황이었던 거죠. 이후 2009년에 대통령 직속기관 보상심의위원회에서 김 지도위원님의 해고가 부당하다고 인정했어요. 사실 이것만으로도 한진중공업은 김 지도위원님을 복직시켜야 했어요. 그렇지만 그렇게 되지 못했고, 지금이라도 잘못된 건 바로잡아야 한다고 생각해요, 문정현 신부님이 이 해고에 대해 정의한 말이 있어요. "이 해고는 모든 해고를 막기 위한 해

“이 해고는 모든 해고를 막기 위한 해고이고,
해고당한 사람들을 복직시키기 위한 해고이다.”

고이고, 해고당한 사람들을 복직시키기 위한 해고이다."

김진숙 저는 투쟁할 근거라도 있죠. 복직 투쟁을 하니 여기저기서 연락이 와요. 옛날 풍산금속 직원, 고무공장 노동자들... 오늘 오면서 고무공장 있던 자리를 보니 전부 아파트예요. 그 노동자들은 그래도 제가 부러운 거예요. 그때 해고자들은 여전히 해고자이니까요. 당시 구속됐던, 아직도 구제받지 못한 수많은 사람들이 있어요. 저는 어디 가서 투쟁할 근거라도 있지만 아예 근거 자체가 사라져버린 사람들도 있어요. 언론과 인터뷰하면서 그런 얘길 했어요. "내가 복직하는 건 시대의 복직이다. 탄압받았던 핍박받았던 지금도 구제받지 못하는 수많은 노동자들 중에 그래도 나는 복직할 공장이 남아 있고 근거들이 살아 있으니까."라고 말이에요.

노기섭 제가 소속된 더불어민주당 의원들께서도 국회와 청와대 등에서 해결하기 위해 많이 노력하신다고 들었습니다. 부산시의회도 47명 중 41명이 민주당 의원들로 구성되었는데, 그에 걸맞게 결자해지해야 한다는 게 의원들 마음이라는 말씀을 드립니다. 제가 이걸 가지

「부산광역시의회 한진중공업의 투명하고 공정한 매각 및 해고노동자 김진숙 복직 촉구 결의문」(2020년 9월 11일, 제290회 임시회 제2차 본회의 中)

"한진중공업은 1937년 부산 영도구에 건설된 조선중공업을 시초로 한 대한민국 최초의 철강조선소이다. 지난 83년간 일제강점기, 6.25전쟁, 군사독재와 민주화 투쟁 등 부산의 역사를 같이하며 부산을 대표하는 향토기업으로 성장 발전했다. 한때 부산매출 1위 기업으로 2000년대 정규직과 협력사를 포함하여 부산·경남지역에서 1만 명 이상의 노동자가 일한 곳이다. 동양 최초의 멤브레인형 LNG선 건조 신공법을 통한 컨테이너선 건조, 군함 건조 등 국내 조선산업의 역사와 신화를 일구어낸 기업이다.

그러나 무모한 해외투자에 이은 모기업 총수의 퇴출 등 무능한 경영진의 일련의 행동으로 한진중공업은 완전자본잠식을 초래했고 산업은행 등 채권단은 투자금을 회수하기 위해 올해 안에 매각을 추진한다는 계획을 밝혔다. 이렇게 촉박하게 매각할 경우 영도조선소 부지의 용도변경을 통한 이윤환수에 혈안이 된 사모펀드의 먹잇감이 될 우려가 있고 법정관리 속에 코로나19로 위기에 처한 부산경제와 노동자를 위험에 빠

트릴 수 있다. 한진중공업 매각문제는 개별기업의 문제가 아니다. 부산지역 경제 전반과 노동자 생존권의 문제이다. 장기적인 조선소 운영 비전을 제시한 정상적인 산업자본이 한진중공업을 인수할 수 있도록 투명하고 공정한 절차를 통해 매각해야 한다.

이와 함께 관공선, 군함, 정비정 등 조기 발주를 통해 한진중공업을 포함한 중형조선소에 대한 적극적인 지원으로 지속가능한 운영이 될 때 노동자들은 일터를 지킬 수 있고 부산경제를 살릴 수 있다. 한진중공업은 조선산업의 역사이자 부산지역 민주화 투쟁의 역사이다. 노동조합을 불원시하고 경제 전반에서 구조조정이 진행되던 시절 부산에서 노동자 투쟁으로 노동자 생존권과 노동존중 민주제도의 발전에 한 획을 그은 곳이다. 한진중공업 노동자 저항의 역사에서 1986년 부당하게 해고를 당하고 정부로부터 민주화 투쟁으로 인정받은 해고노동자 김진숙은 하나의 상징이다.

매각절차를 앞둔 한진중공업에서 다시 해고노동자가 나오는 것을 방지하기 위해서는 해고노동자 김진숙의 복직이 선행되어야 한다. 불법과 무능으로 얼룩진 한진중공업의 어두운 과거를 바로잡고 새롭게 미래로 도약하기 위해서는 반드시 해야 할 일이다. 산업은행을 포함한 채권단이 서두를 일은 한진중공업의 연내매각이 아니다. 올해 정년을 맞이한 해고노동자 김진숙의 복직을 서둘러야 한다. 부산광역시의회는 부마민주항쟁의 정신을 이어온 민주화의 성지 부산에서 촛불 시민의 염원을 담아 노동자 생존권과 부산경제를 위해 다음과 같이 촉구하며 결의안을 제출한다.

첫째, 정부는 한진중공업의 졸속매각을 중단하고 지속가능한 조선소 운영을 전제로 투명하고 공정한 매각절차를 진행할 것을 촉구한다.

둘째, 부산시는 투기자본 이윤창출의 먹잇감이 될 수 없도록 한진중공업 부지의 특혜성 편법적 용도변경을 금지할 것을 촉구한다.

셋째, 정부, 채권단, 부산시는 한진중공업 노동자의 고용안정과 생계보장을 위한 지원방안을 제시하고 해고노동자 김진숙을 즉각 복직시킬 것을 촉구한다."

2020년 9월 11일

부산광역시의회 의원 일동

고 5분 자유발언을 진행하기로 하니 많은 동료 시의원들도 응원해주셨습니다. 부족하지만 저희의 마음도 연대하고 있다는 것을 전해드리고 싶습니다.

김진숙 힘을 실어주신다니까 고맙습니다. 저는 사실 뭐 정년이 끝나도 복직이 안 되면 복직될 때까지 투쟁할 생각이기는 해요. 그런데 어쨌든 정년이 지난다는 건 그만큼 더 힘들어진다는 거니까... 진작 나섰어야 했는데 또 제가 아프기도 했어요. 항암 치료를 받는 과정이 너무 힘들어서. 다른 사람보다 훨씬 힘들어가지고. 시간도 오래 걸리고. 그리고 나서 또 코로나로 잘 못 움직이고... 이런저런 사정으로 많이 늦기는 했지만, 지금이라도 잘됐으면 좋겠습니다. 마지막 소원이니까요.

황이라 산업은행에서 그랬다고 하더라고요. "지금 복직하려는 의도가 뭐냐." 지도위원님이 그간 활동했던 영향력이 있어서 그런 생각을 할 수는 있을 것 같은데. 그때 항암도 했고, 오랫동안 투병 생활해서 근무할 여력도 안 되신다. 순수하게 마지막을 현장에 가셔서 작업복 입어보고 싶다고 그렇게 봐달라고 얘기를 했다고 하더라고요. 그런데 여전히 다른 시선이 있는 거 같아서

잊을 수 없는, 잊어서도 안 되는 고된 시간들이었는데

저희들도 잊고 살 때가 참 많았습니다.

마음이 아파요.

김진숙 저는 그래요. 복직하려는 의도가 뭐냐 이 얘기를 들으니까. 이 사람들은 진짜 35년 동안 하나도 변한 게 없구나. 경영진은 몇 번이 바뀌어도 생각은 그냥 군사독재 시절 그대로인 것 같다고 느꼈어요.

노기섭 사실 산업은행이 정부기관인데 이게 왜 안 풀리지 하는 의문이 있습니다. 경영진에서 산업은행의 이야기를 들어야 하는 입장인데, 그렇게 생각하면 쉽게 풀릴 것도 같은데 왜 이럴까 하는 답답함이 있는 것도 사실입니다.

김진숙 교섭을 할 때 그랬다고 하더라고요. 지회장이나 우리 수석 부지회장 둘이 교섭을 들어가고 사측에서는 노무 담당 혼자 나오고 삼자가 만났는데, 마지막에 그랬대요. "절대 안 된다." 황당하잖아요. 그동안 사측이 먼저 교섭하자고 해서 얘기들이 잘되고 있다가 갑자기 안 된다고 하니까. 안 되는 이유가 뭐냐, 주체가 어디냐고 그랬더니 회사 경영진, 산업은행, 관리단 삼자가 있는데 삼자가 하나라도 반대하면 안 되는데 삼자가 일제히 다 반대했다고 얘기를 하더라고요. 왜 안 되는지라도 좀 설명을 해주면 우리가 뭐라고 얘기를 해볼 텐데, 그것도 아니고 무조건 안 된다고 대화의 문을 확 닫아버리니까 우리도 답답함을 감출 수 없습니다.

노기섭 과거의 아픔과 현실의 답답함이 감출 수 없을 만큼 아리게 느껴집니다. 그 이후 지도위원님의 투쟁은 어떻게 진행되었나요?

김진숙 과정을 설명을 드리면 86년도 해고되고 87년도에 노동조합이 그나마 민주화되고 나서 88년도에 노동조합에서 해고자 복직을 가지고 파업을 했었어요. 임금 인상, 해고자 복직 이런 안건들이 있었는데 그중 해고자 복직 문제가 포함이 되면서 파업을 했어요. 해고자가 세 사람이었는데 집행부가 파업에 참여해달라고 그러더라고요. 그래서 참여를 했어요. '이렇게 해서 해고됐고, 복직해야 한다.' 이런 요지로 발언을 했는데 사측에서 그걸 고소를 한 거예요. 이후에 해고자들이 단식을 했거든요. 회사 앞에서 천막도 안 치고 그냥 맨바닥에 앉아 있으니까 회사 앞 가게에서 아줌마들이 라면 박스를 주더라고요. 그거 깔고 앉아서 단식을 하는데 그때 박창수 위원장이 있었고, 한상철 동지

김진숙 지도위원 인터뷰 中

저는 사실 28살 때 대공분실에 끌려갔던 일이 지금도 트라우마예요. 이 얘기를 누가 믿어줄까 과연. 그리고 그때는 그나마 두세 명 만나서 얘기해 오던 사람들한테 '내가 끌려갔다 오고 이런 일을 겪었다'고 그러면 그 사람들마저도 나를 피할 것 같아서, 그 얘기도 처음에는 제대로 못 했었어요.

그리고 8개월 후에 박종철 열사가 대공분실에서 그렇게 돌아가시고, 저는 밤낮없이 남포동 거리에서 최루탄을 맞으면서, 24시간을 거리에 있다시피 했었죠. 18개월짜리 조카를 업고 최루탄을 다 마셨는데, 저에겐 죄책감이 있었던 거죠. 용기를 내서 '그런 데(대공분실)가 대한민국에 존재하고 있고, 거기서 내가 죽을 뻔했다.' 그런 얘기를 했으면 최소한 박종철 열사가 거기 끌려가지는 않았을 거 아닌가 하는 그런 죄책감이 아직도 남아 있어요.

저는 공장에서 남자 4명이 와서 보자기를 덮어씌우고 끌고 갔어요. 그러고 나니 빨갱이가 되어 있는 거고, 간첩이 되어 있는 거였죠. 김진숙 집에서 김일성 유품이 발견됐다는 얘기부터 김진숙이 평양 김씨다, 김일성이 막내딸이라는 이야기까지 만들어졌죠. 저는 보지도 못했지만 지하조직 체계표가

붙어 있었대요. 맨 위에 김진숙 있고, 내 휘하에 내가 모르는 사람들이 조직 안에 들어와 있는 거예요. 명실공히 빨갱이가 되어버린 거죠. 실제로 그렇게 믿는 사람들이 그때 그 시절에는 있었어요.

그러니까 현장에서 그렇게 친했던 아저씨들도 집에 찾아가면 없다고 하고, 집으로 전화하면 분명히 그 아저씨 목소린데 이사 갔다 하고, 없다 그러고… 아무도 만날 수도 없고 내 옆에 찾아오지도 않고, 옆에 가면 다 도망가 버리고 그랬어요. 5년을 같이 일했던 아저씨들이 내가 그렇게 출근 투쟁한다고 두드려 맞고 있는데, 아저씨는 저 건너편에서 눈물이 글썽글썽한게 보이는데 못 건너오는 거예요.

그런 세월들을 누가 보상을 해주겠습니까. 그나마 이제 단 하루만이라도 공장에 들어가서 노동자로 남고 싶은 거죠, 저는 그게 내 평생의 한으로 남아 있는 거예요. 복직이라는 게 내가 들어가서 지금 용접을 할 수 있는 것도 아니잖아요. 그때 그렇게 투쟁을 하면서 만들었던 식당의 밥도 한 번 먹어보고, 우리 때는 화장실도 없었는데 화장실도 생겼다니 화장실도 한 번 가보고, 인사라도 하고 나오고 싶어요.

도 같이 있었는데, 그러다가 하루인가 이틀인가 있는데 사측에서 공장 폐쇄를 하더라고요. 세 사람이 정문 앞에 앉아가지고 차를 막은 것도 아닌데 공장 폐쇄를 해버리니까 부인들이 아기를 업고 와서 우리를 붙잡고 우는 거야. 그때는 조합원 대부분이 영도에 살았었거든요. 와서 하는 말이 "당신들 복직도 해야 되지만 우리도 식구들하고 먹고살아야 하지 않겠냐. 공장이 문을 닫으면 당신들은 어딜 가서 복직을 할 거고, 우리는 어디서 먹고살 거냐."고 막 울어요. 그것도 너무 마음이 아프고, 우리가 어떻게 할 수도 없으니까 일주일 단식하고 풀었었어요. 그리고 그때 박창수 위원장은 결핵이었어요. 각혈로 병원에 실려 갔었죠. 그러고 난 뒤 노동조합에서는 해마다 요구안에 해고자 복직 문제가 의제로 들어갔어요. 그런데 해고자 복직 문제를 강하게 요구할수록 임금이 올라가는 거예요. 이걸 노조가 알아버린 거야. 그 이후에 노동조합이 계속 민주화됐던 게 아니니 어떨 땐 임금인상하고 이걸 해마다 바꿔버리는 겁니다. 그러니까 조합원들도 사실은 임금이 다른 조선소보다 열악한 상황에서 임금인상이 절박한 문제니까 넘어가고, 넘어가고 했던 거죠. 그러다가 2003년이 결정적이었죠. 김주익 지회장과 곽재규 동지가 목숨을 잃으면서 파업을 하는데 분위기가 급반전됐어요. 곽재규 동지까지 투신을 하면서 갑자기... 해고자 복직 얘기는 노조에서 적극적으로 얘기는 안 했었거든요. 그때는 한진중공업의 일방 중재조항이었어요. 노사 간에 한쪽이 중재신청을 하면 불법이 되어버리는 거였어요 파업이. 그러니까 노조가 파업만 들어가면 회사에서 중재 신청을 해버리는 겁니다. 한 번도 합법 파업을 해본 적이 없어요. 그래서 그때 LNG 선상 파업까지 했어요. 그래서 법도 새로 만들어지잖아요. 선상에서 파업 못 하게. 그 정도로 파업의 위력이 강했었는데 그때도 일방 중재조항은 한 가지였어요. 요구조항은 하나. 해고자 복직. 그때도 철회를 못 했고요. 2003년도에 그렇게 되고 나니까 일방 중재조항도 철회하겠다. 해고자도 복직시켜주겠다. 그런데 김진숙은 안 된다. 저는 그걸 어떻게 전달받았냐면 그때 노조지부장이 오더니 "해고자 복직까지 해준대요." 그러는 겁니다. 얼마나 좋은 거야 내가. 사람이 둘이 죽기는 했지만, 해고자 복직까지 된다니까 표는 못 내고 너무 좋았어요. 그런데 뒤에 말이 붙었어요. "김 지도는 안 된대." 그래서 제가 할 말을 잃었죠. "이유가 뭐랍니까." 물었어요. 그러니 "경총에서 반대한대요." 그래. "경총에서 반대하는 이유가 뭐랍니까." 하니까 "모르겠어요, 그건." 그래서 "지부장은 그게 납득이 됩니까." 물었어요. 지부장이 "지금 어쩌겠어요. 사람이 둘이나 죽었는데." 그래요. 그때 당시 분위기가 어땠냐 하면 김주익 지회장만 그렇게 됐을 때는 울긴 했지만, 아저씨들이 그런 분위기는 아니었는데 재규 형까지 그렇게 되고 나니까 구석구석에 앉아서 우는 거야. 울고 술 먹고. 오죽하면 "너는 저 아저씨 따라다녀." 이럴 정도로 사람이 불안했었어요. 언제 어떤 상황이 생길지 모르는데 내 복직 하나만 남은 상황에서 "끝까지 더 투쟁을 합시다." 얘기를 내가 못 하겠더라고요. 김주익 지회장 시신은 아직 크레인에서 내려오지도 못하고 계속 매일 아침마다 드라이아이스를 갈아 넣는 상황이었어요. 그래서 노조에 30년 숙원사업이 해결되는데 김진숙 복직만 빼고 합의가 됐습니다. 시간이 지나고 2008년도에 잠정 합의를 했더라고요. 퇴근길에 황이라 동지랑 지하철을 타는데 전화가 온 거야. "잠정 합의를 했대요." 그러면서 전화를 한 수석부지회장 목소리가 상기돼 있더라고. 내가 좋아할 줄 알았나 봐요. 회사에서 월 200만 원씩 생계비를 지급한다는 거예요. "일도 안 하는데 왜 돈을 200만 원을 줘요." 이랬더니 당황을 하더라고. 어쨌든 복직하기 전까지 회사에서 생계를 책임진다는 의미라는 거예요. "그럼 수석이 생각할 때는

사람들이 참 놀라워요. 희망 버스 때 인연으로
그 비가 오는데 김해에서도 오시고 화명동에서 차 세 번
갈아타고 오시고 그 새벽에.

200만 원을 회사에서 지급하면 내가 복직할 수 있을 것 같냐." 그러니까 대답을 못하더라고. "그건 복직을 안 시키기 위한 명분이다. 사측에서는 그럴 것 아니냐. 돈도 주는데 뭐 하려고 복직하려고 하느냐."고 말했어요. 그때는 해고자들이 그런 사례들이 몇 군데가 있었거든요. 그게 노동운동 내에서도 아주 찬반양론이 비등했었어요. 주로 반대 의견이 많았지. 일종의 타협 아니냐. 나도 비판적이었고. 노조에서는 "니가 200만 원을 받아서 비정규직 기금으로 써라." 하더라고요. 그래서 "그럼 사측에서 200만 원을 비정규직 기금으로 쓰라고 해라 나보고 주지 말고. 어쨌든 내가 그 돈을 어떻게 쓰는 건 중요한 게 아니고 받는 게 나라는 게 중요한 거 아니냐. 나는 그 돈을 받기 시작하면 나는 복직은 안 된다고 본다. 나는 그 돈을 받을 수가 없다." 이렇게 얘기를 했어요. 그걸 사측에서는 김진숙이 복직을 거부했다 이렇게 얘기를 하기 시작했죠.

노기섭 잊을 수 없는, 잊어서도 안 되는 고된 시간들이 었는데 저희들도 잊고 살 때가 참 많았습니다. 부끄럽게도 저조차도 뉴스를 보고 김진숙 지도위원님의 복직 문제가 남아 있었구나 다시 생각을 떠올렸습니다. 죄송

한 마음이 큽니다. 그나저나 남은 투쟁도 건강해야 하실 수 있는 거 아니겠습니까, 요즘 몸은 어떠세요?

김진숙 암이라는 게 수술하거나 항암 치료했다고 끝나는 병이 아니고, 부작용 뭐 이게 순차적으로 오는데 먹는 약만 자꾸 늘어나고 그렇더라고요.

노기섭 쾌유하시길 진심으로 기원하고 응원하겠습니다. 그럼 지금은 투쟁을 계속 어떻게 하고 계십니까?

김진숙 사람들이 참 놀라워요. 희망 버스 때 인연으로 그 비가 오는데 김해에서도 오시고 화명동에서 차 세 번 갈아타고 오시고 그 새벽에. 사실 6시 40분부터 통근버스가 들어오는데 오기가 쉽지 않거든요. 그런데 오신다니까. 지금은 여름이라 괜찮지만, 겨울에는 깜깜이에요. 그 노동자들이 몇 시에 일어나겠어요. 그렇게 일하는 노동자들이 매각에 고용불안에 시달려야 하니까 그것도 너무 가슴이 아프고요. 그렇게 함께해주셔서 이어가고 있어요.

노기섭 최근 매각과 관련한 논의들이 있는데요. 부디 계획대로 되어야 할 텐데. 이번에 저희들이 9월 회기가 되면

해당 상임위인 기획재경위원회에서 한진중공업에 방문하는 것으로 논의가 되었어요. 거기서 의견을 전달하고 난 뒤에 시의회에서 한진중공업 매각에 대한 부분들을 원칙대로 잘 지켜질 수 있도록 논의할 계획도 준비하고 있습니다.

2021년 1월 28일, 제293회 임시회 제2차 본회의 5분 자유발언 中

한진중공업의 매각 과정은 청춘과 열정을 바친 노동자의 관점을 가장 중요하게 여겨야 합니다. 해고노동자 김진숙의 발걸음에 많은 시민과 노동자가 함께하고 있습니다. 우리 사회가 민주주의로 가는 과정에서, 노동자의 권리를 사회적으로 인정받고 확장하는 과정 속에서 해고노동자 김진숙이 있었기 때문입니다.

그의 해고는 우리가 받은 혜택의 씨앗이고 우리 모두가 안고 있는 부채이기 때문입니다. 만약 한진중공업이 외국계 사모펀드가 참여한 투기 자본에 매각되고 겨우 3년간의 고용 안정만을 받아들인다면 지금 한진중공업에서 일하는 모든 노동자는 해고노동자가 될 수밖에 없습니다. 그래서 김진숙이 가는 길은 해고노동자를 막는 길이고 김진숙의 복직은 해고노동자가 다시는 없는 세상을 만들기 위한 밑거름이 되는 것입니다.

한진중공업은 국책은행인 산업은행이 관리 및 경영하고 있습니다. 부산의 일자리와 경제를 수렁으로 밀어 넣을 것인가 노동자의 일자리를 뺏을 것인가 이에 대한 모든 것은 산업은행이 결단해야 합니다. 저는 요구합니다. 산업은행이 적극적으로 나서야 합니다. 그래서 한진중공업은 부산의 대표적 조선소로 재도약하게 만들어야 합니다. 해고노동자 김진숙은 35년간의 부당한 해고를 끝내고 복직되어야 합니다.

황귀순 부산지하철노조 서비스지부 지부장

의정활동 기간 동안 마음을 울렸던 현장 중 한 곳이 부산지하철 청소용역 노동자들의 현장이었습니다. 저는 단순히 문제제기를 하는 수준에 그치지 않고 이분들의 고충을 나누고 싶었습니다. 차갑고 냉정했던 시간들을 흘려보내고 난 뒤 부산교통공사 자회사 소속이 된 부산지하철노조 서비스지부 황귀순 지부장을 만났습니다.

노기섭 귀한 시간 내어주셔서 감사합니다. 제가 오늘 뵙기 전에 부산지하철노동조합 서비스지부에 대해서 알아보고 왔는데요. 조합원이 1000명쯤 된다고요? 요즘은 좀 어떠신가요?

황귀순 500명에서 그냥 왔다 갔다 했었는데 자회사 넘어

오고 이제 좀 정리가 되면서 용역회사 소속일 때는 조합원 가입을 안 했던 분들 대다수가 가입을 하셨습니다. 이제 정규직이니까요. 용역 소속일 때는 회사의 억압이나 용역업체의 억압이나 불이익을 당할까봐 눈치를 보고 못하고 있었던 게 사실입니다. 정규직 전환이 되면서 노동조합에 대한 설명도 듣고 하다 보니 노조에 가입을 하는 인원이 차츰 늘어나면서 어제 최종 1005명까지 됐어요.

노기섭 저도 의정활동 중 연대해오며 그간의 과정들을 보고 듣고 해왔었습니다만 지금까지 조합원들이 제일 원했던 게 사실은 직고용이었잖아요, 부산교통공사가 직접 고용을 해라는 요구로 오랫동안 투쟁도 해왔지 않습니까? 지난했던 시간들에 대해서 말씀해주실 수 있을까요.

황귀순 처음 시작은 정부에서 비정규직의 정규직화 가이드라인을 발표하고 나서였어요. 이제 우리도 직접 고용을 요구할 수 있겠구나 생각을 했었죠. 그때부터 선전전도 하고, 교통공사를 상대로 '우리도 직접 고용시켜달라, 정부 가이드라인에 맞춰서 고용전환을 진행해달라' 요구를 했죠. 그런데 우리는 생명 안전 업무가

청소를 하다 보면 간혹 “정말 고생 많으십니다.” 라는 인사를 받을 때가 있습니다. 이런 시민이 있기 때문에 우리가 이 일을 하는구나 책임감을 느껴요.

아니어서 정규직 전환을 못 해준다는 답변을 받으며 시간을 지체해왔어요. 우리도 같은 교통공사 소속 비정규직 노동자이고, 반복적인 일을 하는 사람이라고 외쳐왔는데 받아들여지지 않았던 거죠.

노기섭 생명과 직결되는 안전 업무가 아니라서 고용전환이 안 된다는 말은 그야말로 궤변이네요. 제가 시의회에서 부산시에 지적했었던 기억이 나기도 합니다. 투쟁 시작이 2017년이었나요?

황귀순 그렇죠. 3년을 했으니까요. 2017년 연말부터 우리가 요구를 하면서 투쟁을 했고, 노사 전문가 협의기구가 구성되면서 협의가 진행되었죠. 계속 선전전도 했었고요. 결국 하다가 안 돼서 농성까지 가게 됐죠.

노기섭 농성도 꽤 오래하셨죠.

황귀순 석 달. 100일 넘겼어요. 4개월 가까이요.

노기섭 최종적으로 마무리된 건 언제였죠?

황귀순 자회사로 전환한다는 발표한다는 시점이었죠.

2019년 7월 17일, 제279회 임시회
제3차 기획재경위원회 발언 中

○ 노기섭 위원

우리 시청 후문에서 170일 동안 피켓팅을 하고 있는 도시철도 노동자들입니다. 이 자리에도 와 계십니다. 그분들의 한 달 식대가, 한 달 식대가 1,000원입니다. 어떻게 이런 일이 벌어지죠? 어떻게 생각하십니까?

○ 재정관

하여튼 한 달 식대가 1,000원이라는 것은 이해하기 힘든 그런 상황입니다.

○ 노기섭 위원

그렇죠? 그분들이 피켓팅을 하는 이유가 170일 동안 하는 이유가 두 가지가 있습니다. 한 가지가 바로 식대 인상입니다. 두 번째가 근로조건 개선이고요. 그 부분들 다시 한 번 더 챙겨 주시기 바라고 그분들하고 따뜻한 식사를 한번 하시면서 그분들 얘기를 진지하게 한번 들어주시면 고맙겠습니다. 왜, 제가 볼 때는 이게 식비가 1,000원이냐? 그 이유는 저는 30년 동안 수의계약으로 특정용역업체에 계약을 했기 때문에 이런 사항이 벌어졌다 보여집니다.

제가 오늘 업무보고지만 제가 비정규직의 정규직 전환 이 문제를 가지고 좀 말씀을 드리고자 합니다. 그 이유는 세 가지입니다. 첫 번째는 우리가 공공기관의 혁신은 재정관 담당이기 때문이고 두 번째로는 방금 말씀드렸던 청소용역 하시는 분들이 7월 말쯤 2차 파업을 준비하고 있기 때문입니다. 그리고 세 번째로는 해당 상임위의 문제이기 때문에 시정질의나 5분 자유발언하는 것보다는 이 자리에서 짚고 넘어가는 게 좋을 것 같아 가지고 말씀을 좀 드리고자 합니다. 우리 청소하시는 분들이 지하철에는 몇 분 되시는가 아십니까? 비정규직이 몇 분인지 아세요? 부산교통공사에.

○ 재정관

지금 천, 제가 알기로는 1,469명 하여튼…

○ 노기섭 위원

1,500명 정도 됩니다, 예. 그러면 그중에서 청소하시는 분이 몇 명인 줄 아십니까?

○ 재정관

1,010명입니다.

○ 노기섭 위원

예, 1,010명입니다. 행정안전부에 따르면 2018년 12월 말 기준 부산교통공사의 비정규직, 정규직 전환 비율이 다른 동종 업계에 비교했을 때 가장 낮은 수준인 것 아십니까?

○ 재정관

예, 전체적으로 볼 때 4%.

○ 노기섭 위원

4.5%.

○ 재정관

예.

○ 노기섭 위원

앞에 우리 노동이사제를 이야기하면서 도입을 이야기할 때 조례로 만들 때 타 업종들 타 도시의 이야기들을 많이 했죠.

조례를 이야기하면서 서울 기준을 많이 따른다고 했을 때. 그런데 정규직 전환 같은 경우는 다른 도시에 비해 버리면 차이가 너무 많이 납니다. 부산이 4.5%면 서울은 65.6%, 인천은 58.2%, 대구는 100.2%입니다. 100%를 넘어섰어요. 광주는 115%, 대전은 89.6%입니다. 우리 부산교통공사에 계신 분들이 정규직 전환이 더딘 이유가 뭐라고 생각합니까?

○ 재정관

전환이, 정규직 전환이 안 되는 이유?

○ 노기섭 위원

예.

○ 재정관

그거는 여러 가지 측면으로 볼 수가 있다고…

○ 노기섭 위원

여러 가지 측면을 좀 이야기해 주시죠.

○ 재정관

그래서 전반적인 우리 교통공사의 재정상황이라든지 운영상황 그리고 정부 가이드라인에도 있지만 전환하는 부분에 대해서 서로 합의 안 되는 그런 부분들이 있습니다.

○ 노기섭 위원

제가 말씀을 드릴게요.

○ 재정관

직접고용이라든지 이런 부분들에 대해서 의견 차이가 있습니다.

○ 노기섭 위원

예, 말씀을 드릴게요.

우리 청소하시는 분들의 요구조건은 두 가지였습니다. 말씀하셨던 앞에 말씀한 식대 올려달라는 것 하나하고 두 번째가 고용환경 처우개선을 좀 달리해 달라는 겁니다. 그런데 자회사, 우리 부산교통공사는 지금 계속 자회사를 고집을 하고 있어요. 그 이유가 보통 보면 한 세 가지로 요약정리가 됩니다.

첫 번째는 뭐냐 하면 승객의 안전에 직접적인 영향을 주지 않기 때문에 안전업무에 미해당되기 때문에 정규직전환 대상이 아니다. 두 번째는 뭐냐 하면 직고용을 하면 비용이 많이 들기 때문이다. 세 번째는 뭐냐 하면 인원이 많아서 관리가 어렵기 때문이라고 합니다. 이 자료는 제가 말씀을 추상적으로 말씀을 드린 게 아니고 지난 4월 12일 열린 부산교통공사 제8차 노사전문가 협의기구 회의자료에 나왔던 이야기입니다.

그런데 한 가지 이야기를 해 봅시다. 먼저 안전업무에 미해당하는 경우 방금 가이드라인, 정부의 가이드라인을 말씀하셨지요? 가이드라인에 제일 먼저 원칙은 대원칙 일반원칙이 뭔지 아십니까? '상시·지속적인 업무는 정규직으로 전환한다'입니다. 이게 3-1-1에 규정된 겁니다. 3-1-3에 규정된 것은 생명안전업무는 직접고용으로 명시한다 되어 있는데 이거를 역이용해 가지고 안전업무가 아니기 때문에 직접 고용하지 못하겠다는 말씀을 하시는 거예요, 부산교통공사가. 제가 볼 때는 가이드라인을 잘못 해석하고 있는 겁니다. 저는 그래 생각하고 있는 거고요.

두 번째는 비용이 많이 든다는 이야기입니다. 그런데 이번에 우리 지하철노동조합에서 파업할 때 1.8% 인상이 되면 고용

비용이 얼마 증가되는지 아시죠?

○ 재정관

예, 그때 47억 원…

○ 노기섭 위원

47억 정도 됩니다. 그런데 지금 현재 우리가 용역을 줌으로 해 가지고 나가는 비용에 대해서 알고 계십니까?

○ 재정관

제가 그 별도 자료는 가지고 있지 않습니다.

○ 노기섭 위원

안 가지고 있습니까?

○ 재정관

예.

○ 노기섭 위원

우리가 보통 세 가지 말씀드리면 일반관리비가 16억 4,800만

원 나갑니다, 용역업체에 주는 일반관리비가. 두 번째 이윤으로 주는 돈이 얼마냐 하면 32억 9,700만 원입니다, 이윤으로 주는 돈이. 세 번째 부가가치세가 있습니다. 55억 1,900만 원입니다. 여기서 만약에 직고용을 하더라도 일반관리비는 나가겠죠. 이걸 제외하더라도 이윤과 직고용하면 부가세 안 나가지 않습니까? 이윤도 안 나가고. 이윤과 부가가치세를 합치면 88억이에요, 88억. 그리고 이 중에서 부가가치세만 우리 청소용역 하시는 분들 직고용하더라도 충분히 생활환경 여건들 고용 여건들, 개선될 수 있습니다. 그러면서도 시에는 33억이 이윤으로 남아요. 이럼에도 불구하고 교통공사는 지금 재정의 열악 때문에 못 하겠다는 이야기를 해요. 제가 볼 때는 이유가 맞지 않습니다.

세 번째 말씀을 드리면 직접고용 인원이 너무 많아서 힘들다고 합니다. 그런데 최근에 홈플러스 직고용 몇 명 한지 아십니까? 1만 4,000명을 직고용했습니다, 전국적으로. 그럼에도 불구하고 부산교통공사 우리 공기업에서 1,000명을 직고용해 가지고 관리 못 한다는 게 말이 됩니까?

제가 말씀을 드린 거는 첫 번째, 두 번째, 세 번째 이야기했을 때 제가 지금 현재 교통공사에서 말씀드리는 반대 이유는 자회사 설립 이유에 하나도 근거가 없다는 이야기예요. 내가 볼 때는 가장 핵심적인 이유는 자회사를 설립해 가지고 나중에 부산교통공사에서 퇴직하고 난 뒤에 갈 자리를 만들기 위해서 자회사 설립을 고집하는 것 아닙니까? 저는 그렇게밖에 생각 안 듭니다. 어떻게 생각하십니까?

○ 재정관

저는 그 부분에 대해서는 확신할 수 없다고 생각을 합니다. 이게 전에 교통공사의 용역 청소라든지 이런 용역 부분들은 주로 보훈단체라든지 장애인단체라든지 여기에 우선적으로 하도록 되어 있었습니다. 그래서 되어 있었고 그런 부분들이 특정 단체에 준다는 부분은 지금은 많이 완화가 되어졌고 자회사를 설립을 해서 정규직화 시키겠다는 부분으로 그렇게 가는 걸로 저는 지금 파악을 하고 있고…

○ 노기섭 위원

그러니까 지금 부산교통공사에서 자회사 설립을 통해서 고용을 하겠다 하는 게 명분도 없고 아무런 근거가 없다는 거예요. 그리고 최근에 우리 부산시장님께서 어떻게 이야기했습니까? 우리 지하철에 있는 파업하시는 노동자들도 부산시민 이라고 SNS 통해 말씀하셨습니다.

○ 재정관

예, 맞습니다.

○ 노기섭 위원

그래 감사해야 되는 거죠. 그리고 최근에 MBC에서 시사 프로그램이 있었지요.

○ 재정관

저는 보지는 못했습니다.

○ 노기섭 위원

제가 우리 인사하러 오신 분들께 한번 꼭 보시라고 했는데 시간 나시면 한번 돌려 보시기를 바라겠습니다. 제가 말씀을 드릴게요. 자회사의 설립 문제 요지를 말씀을 드리면서 제가 발언을 마치겠습니다.

첫 번째는 자회사 설립을 통한 정규직 전환은 기존 용역업체의 연장선상에 불과하다. 두 번째 가이드라인에 제시한 이윤, 일반관리비, 부가세 등을 활용한 전환노동자 처우 개선이 제대로 이루어지지 못한다. 세 번째 고용안전 측면에서도 기존 용역체계와 큰 차이가 없다. 그러므로 고용의 불안정은 여전히 존재한다는 겁니다.

제가 자료요청을 좀 할게요. 현재 기준으로 자료요청입니다. 현재 기준으로 부산시 산하 공공기관 전체의 정규직 비정규직 전환율과 세부 전환 내용을 제출해 주십시오.

○ 재정관

예.

○ 노기섭 위원

그 내용에는 전환 전후 고용형태, 전환 전후 임금 및 후생복지 등 처우 개선 등에 대한 비교도 포함시켜 주십시오. 세 번째 향후 구체적인 전환 계획을 전 기관 전수조사해서 제출해 주십시오. 단순하게 업무보고용으로 하지 마시고 더 집중적으로 세밀하게 제출해 주시기 바라겠습니다.

끝으로 말씀드리겠습니다.

노동자들은 우리의 또 다른 시민의 일부분입니다. 좀 관심 가져 주시고 노동존중 부산을 만들기 위해서 재정에 대한 부분들 다시 한 번 검토해 주시고 적극적으로 좀 임해 주시면 고맙겠습니다.

노기섭 그 시점에 사실 저희들도 아쉬웠지만 지부 조합원들께서 가장 아쉬웠겠죠. 직고용이 되면 제일 좋았겠지만...

황귀순 맞아요. 첫 번째 기대는 직고용이었습니다. 당시 자회사도 용역이나 다를 게 없지 않냐고 주장하기도 했었고요. 왜냐면 자회사도 용역의 원청처럼 모회사가 있어야 하고, 예산을 받아서 그 관할 하에서 모든 걸 움직여야 하기 때문에 무슨 차이가 있냐는 거였죠. 후회할지 모른다는 게 가장 우려스러웠죠. 어쩔 수 없이 자회사를 택하긴 했는데 아직은 3개월밖에 안 됐다 보니 지켜봐야 할 것 같습니다.

노기섭 요즘은 어떤가요?

황귀순 용역업체에서 자회사로 넘어오니 다 바뀌잖아요. 모든 절차가 공기업에 속해서 움직여지고요. 어떤 건 안 되고, 어떤 건 되고 이전에 비해 절차 같은 게 추가되다 보니까 적응이 안 돼서 아직까지는 이해를 못하는 부분이 존재하는 상황이죠.

노기섭 그래도 크게 볼 때 두 가지는 해결되지 않았나는 생각도 듭니다. 첫 번째는 청소 용역 회사들이 운영할 때 흩어져 있던 조합원들의 문제. 용역회사별로 처우도 다르고 복지도 달랐는데 이제는 전체가 하나로 그려진다는 거죠. 또, 이윤이 환경사분들의 복지로 돌아갈 수 있다는 거죠. 두 번째는 고용안정. 크게 이 두 가지는 위로할 수 있는 지점이지 않을까 생각되네요.

황귀순 지금 임단협(임금단체협약) 중에 있어요. 제가 처음 자회사 생길 때도 현장에서 그렇게 설명했습니다. 고용안정과 복지 이런 게 많이 바뀌어야 한다고요. 그런데 계속 설명을 해도 처음 조합원 500명 정도는 이해를 한 것 같은데 신규 조합원들은 자회사로 넘어가기만 하면 모든 게 다 좋아질 거라는 생각을 가졌던 것 같아요. 3년이나 투쟁을 했으니 뭔가 달라지지 않겠냐는 거죠. 그래도 3개월 정도 지나다 보니까 조금씩 이해를 하세요. 무엇이든 100% 만족이란 건 없는 거잖아요.

노기섭 조합원 500여 분이 농성을 해왔고, 부산지하철노동조합에서도 정규직과 비정규직 노동자들이 연대해 투쟁을 이끌어왔던 거죠. 나머지 분들은 자회사 전환되면서 조합원이 되신 거고요. 그런 시간 속에서 인식의 차이는 생길 수 있는 것 같아요. 노동조합이 무엇인지 이해하는 방식이 다를 수도 있겠다는 생각이 들어요. 막연하게 좋아질 거라고 생각해서 기대치는 높았는데 실제로는 아니니까 거기서 오는 거리감도 있을 수 있을 거고요.

황귀순 솔직히 우리가 준비가 안 된 상태에서 자회사로 넘어온 게 좀 많습니다. 워낙 급하게 오다 보니 더 정신이 없었던 거죠. 체계를 좀 잡고 넘어왔으면 현장에서 덜 시끄러웠을 텐데. 3개월 정도 지나니 조금은 바뀐 것 같아요. 임단협을 하고 있으니까 이제 교섭에서 어떤 성과를 얻어내는지가 관건인 것 같아요.

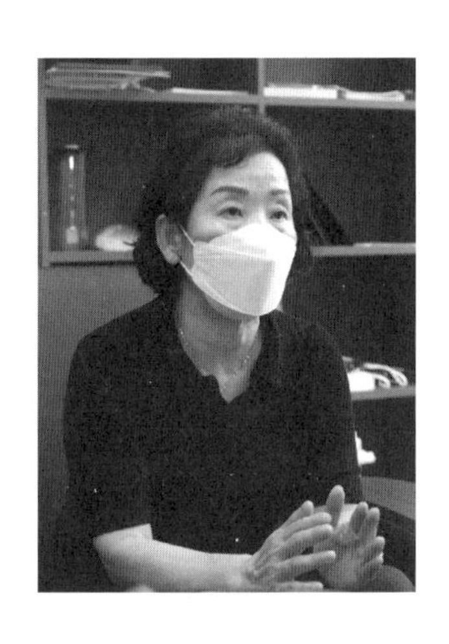

노기섭 사실 저를 비롯한 시의원들도 당사자라는 느낌을 가지고 있어요. 인고의 시간들이 지나 자회사로 결정이 될 때까지 부산시에 질책하고, 요구하고 또 한편으론 중재도 해왔기 때문에 이후에도 자회사가 잘되는 방향으로 가는 것에 대한 마음이 커요. 당연히 부산시의회도 이 일에 책임이 있다고 생각해요. 계속 주의 깊게 바라보고 모범적인 자회사 모델을 만들어야 한다고 생각이 강해요. 향후에 부산이 새로운 사회사를 만들 때도 그렇게 되어야 한다고 생각하고요.

황귀순 비정규직이 있는 곳에서 꼭 직고용을 해야 하는지, 아니면 자회사도 괜찮은지에 대한 갈림길에서 부산교통공사 자회사가 어떻게 하는지가 중요한 사례가 될 수 있을 것 같아요.

노기섭 네 중요하죠. 시간을 거슬러 투쟁했던 당시 이야기를 조금 더 들어보고 싶어요, 힘든 점이 정말 많았죠?

황귀순 서비스지부 간부들이 고생을 많이 했습니다. 우리가 용역업체에 속해 있다 보니 눈치를 봐야 하는데 새벽에 일찍 나가 선전전하고 농성장을 지키고, 또 현장으로 복귀해 근무를 하고, 근무 후 피곤한데도 농성장을 지키는 게 힘들었어요. 그래도 간부들 정말 내 일이라고 생각하고 4개월 넘게 했는데 아무도 불평을 한 번 안 했었어요. 가장 힘들었던 건 길이 안 보인다는 거였어요. 계속 절대 안 된다는 답변밖에 없었으니까. 그러다 조금 길이 보였는데 전 시장이 물러가면서

원상복귀가 됐다는 느낌을 받았을 때 절망적이었습니다. 심적으로 너무 힘들었어요. 그래도 전부 하나가 돼서 그나마 이겨낼 수 있었어요.

노기섭 시는 새로운 시장이 오면 그때 최종 결정을 하려고 하고, 우리는 오기 전에 마무리 지어야 한다고 하고, 시의회에서도 의회에서 결정하는 사항 중에 이렇게 미룬 적이 있는 사안이 많이 없는데 왜 미루느냐고 의회의 권한을 행사한 적도 있었어요. 또 하나는 청소용역 회사들이 기존에 가지고 있던 권리, 이익이 한 번에 날아가 버린다는 점이 걸림돌이었어요. 충분히 시간을 줬음에도 그 이익을 그냥 놓지는 않으니까요. 이렇게 만들어가는 데 시간이 걸렸던 것 같고 순탄치만은 않았습니다. 향후에 우리가 더 잘 만들어놔야만 부산의 모범이 될 수도 있고 비정규직 정규직 전환도 제대로 이뤄낼 수 있는 것 같다는 생각이 투쟁 당시를 돌아보며 한 번 더 드네요. 끝으로, 부산

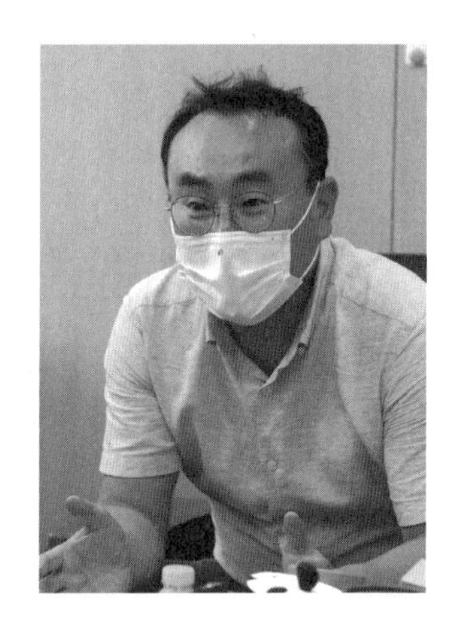

시와 부산시의회에, 우리 조합원들에게, 시민들에게 하시고 싶은 말씀 해주세요. 보이지 않는 곳에서 아침 일찍부터 시민들의 안전을 위해 애쓰시잖아요. 한 말씀 부탁드려요.

황귀순 청소를 하다 보면 간혹 "정말 고생 많으십니다."라는 인사를 받을 때가 있습니다. 이런 시민이 있기 때문에 우리가 이 일을 하는구나 책임감을 느껴요. 그런데 일부 시민은 불만이 있으면 환경사에게 지적하십니다. 우리가 동등한 직장인이라는, 우리 같은 노동자가 있기 때문에 깨끗한 환경을 누릴 수 있다는 관념을 가져주셨으면 해요. 저는 "이제 우리도 공기업이다. 자회사로 가서 정말 당당하게 내 목소리를 내고 당당하게 일을 했으면 좋겠다"고 말합니다. 옛날같이 기죽어서 지내지 말고 떳떳하게요. 옛날부터 들어버린 습관 때문에 뭔가가 잘못되면 우리가 다 잘못한 것으로 인정을 해버려요. 그렇게 하지 말고 당당하게 일을 했으면 좋겠고, 시민들을 위해 열심히 봉사하고 있다는 사실을 시민들도 알아주셨으면 정말 감사하겠다는 생각을 합니다.

노기섭 제가 전국의 지하철도 타보고 각국의 대도시에 있는

지하철도 타봤지만 진짜 우리 부산지하철만큼 깨끗한 곳도 보기가 힘들어요. 정말 밝고 깨끗하고. 그 가운데 청소하는 분들의 노고가 가장 큰 역할을 하고 있다고 생각합니다. 이 부분에서 부산 시민으로 자부심이 좀 있습니다. 항상 감사드립니다.

황정규 전국대리운전노동조합 부산지부 사무국장

2020년 1월, 전국 최초로 「부산광역시 대리운전노동자의 야간이동 편의 증진과 권익 보호를 위한 조례」를 제정했습니다. 대리운전 업체의 수수료 폭리로 인해 노동자들은 최초 생활도 보장받지 못하고 있었고, 속수무책으로 수수료를 부담하고 있었습니다. 이들을 보호할 수 있는 법조차 없는 상황이었고, 상위법이 없었기에 지자체 차원에서 나서야 한다고 생각했습니다. 이를 계기로 전국의 대리운전 노동자들에게 좀 더 나은 노동환경을 만들어줄 수 있는 근거를 마련했습니다.

합리적인 수수료에 합리적인 노동, 합리적인 대리운전기사 모집, 보다 편한 이동환경 등 기반 조성부터 교육 등을 통한 발전 방향까지 대리기사 착취 없는 모범적인 부산으로 거듭나기 위한 일들을 해왔습니다.

물론 상위법이 없기 때문에 노동권 보호를 위해 더 추가

할 수 있는 부분들에 대한 아쉬움이 남는 건 사실이었습니다. 더욱더 좋은 방향을 모색하고자 전국대리운전노동조합 부산지부 황정규 사무국장님을 만났습니다.

노기섭 바쁘실 텐데도 이렇게 시간을 내주셔서 감사합니다. 대리운전 노동자들의 실상, 특히 부산의 노동자들에 대한 이야기들을 사무국장님과 함께 나눠보고 싶었습니다. 알려지지 않은 내용들이 많은 것 같아요. 부산을 포함해서 전국대리운전노동조합 본부는 총 몇 개가 있나요?

황정규 8개 지역 권역별로 있습니다. 8개 본부가 있고, 본부 밑에 지부가 있고. 대리운전기사 추산 인원만 20만 명 정도입니다.

노기섭 부산은 어떤가요?

황정규 부산은 현재 등록된 기사 수가 7500여 명입니다. 등록되지 않은 기사들까지 포함하면 1만 명이 넘을 겁니다. 부산에는 대표적으로 4개의 회사가 있습니다. 잘 아시다시피 카카오가 있고요. 부산 경남에서는 막

대한 영향력을 가지고 있는 트리콜이 있습니다. 이 밖에도 로지연합과 콜마너연합이 있습니다. 카카오와 트리콜은 자체 프로그램을 씁니다. 로지연합, 콜마너연합은 프로그램사라고 봐도 무방한데요. 한 업체 가지고는 프로그램을 쓰기가 부담스러우니 나머지 여러 회사가 이 프로그램을 공유합니다.

노기섭 프로그램에 대해 설명을 좀 해주시죠.

황정규 프로그램은 쉽게 말해서 대리운전기사와 콜센터를 연결해주는 앱입니다. 예를 들어 이용자가 트리콜에 전화를 걸면 앱에서 자동으로 기사를 연결해주는 방식입니다.

노기섭 우리 부산은 점유율이 어떻게 되나요?

황정규 점유율은 로지연합이 가장 높습니다.

노기섭 카카오가 아니고요?

황정규 그래서 카카오가 프로모션을 진행 중입니다. 이게 기사들에게 당장은 불이익이 없습니다. 하지만 고객들

"'세상에 무슨 이런 바닥이 있나'라는 생각이 들었어요. 뜯어 가도 너무 뜯어 가는 거죠. 제가 좀 쉽게 표현하겠습니다. 기사들 등에 빨대 꽂아서 빨아 가는 형국이에요."

에게 '이런 저렴한 요금에도 갈 수 있네.'라는 인식을 심어줘 저가요금이 고착화할 수 있는 소지가 조금 있습니다.

노기섭 대리운전기사들의 한 달 평균 수입은 대략 얼마인가요?

황정규 들쭉날쭉합니다. 열심히 하면 180만 원 정도 버는 것 같습니다.

노기섭 한 달에요? 저도 5분 자유발언도 하고 조례도 준비했지만 대리운전기사들이 특수고용형태라... 노동조합 인정도 2018년에 처음으로 받았고, 그럼에도 아직도 구조상으로 수수료라든지 보험료라든지 지불하는 돈이 상당히 많은 것으로 알고 있습니다.

황정규 네. '일 고정비'라고 표현을 합니다. 대리운전 프로그램을 켜기만 하면 일 고정비가 나갑니다. 부팅과 동시에 '출근하시겠습니까'라는 문구가 뜨고 '예'라고 하면 자동으로 계좌에서 돈이 빠져나갑니다.

노기섭 항목이 뭔가요?

황정규 ‘출근비’라는 겁니다. 이 출근비만 하루에 3000원입니다. 합류차를 이용하는 요금입니다. 그런데 이 합류차도 특정 시간대에만 운영이 됩니다. 대중교통이 다니고 있을 때는 운행을 하지 않고요. 사실상 밤 12시 이후부터 새벽 4시까지만요. 뿐만 아니라 프로그램 사용료도 기사가 일 500원을 부담합니다. 프로그램은 고객과 기사를 연결해주는 매개체라 당연히 업체에서 준비를 해야 하는 건데도 말이죠.

노기섭 지금 여기서 대충 계산을 해봐도… 7500명 × 365일 × 500원. 그 돈은 고스란히 프로그램사와 콜 중개업체가 가져가는 거네요. 단순히 계산해도 엄청난 돈인데.

황정규 그렇습니다. 저는 대리운전을 처음 시작하고 납득이 되지 않아서 2014년에 불만을 담은 글을 대리기사들이 속해 있는 밴드에 올린 적이 있습니다. 다들 공감은 했지만 불이익을 염려해서인지…

노기섭 매일 출근비 3000원과 프로그램 하루 500원, 또 나가는 비용은 없나요?

황정규 보험료도 빠집니다. 보험료는 한 달 치를 미리 선납하는 경우가 있고, 건당 보험이라는 것도 있습니다. 이 건당 보험은 카카오가 대리 시장에 진출하면서 생겼습니다. 카카오가 기사가 한 콜을 수행했을 때 콜이 완료되면 건당 보험료를 같이 지불하는 방식을 도입했습니다.

노기섭 지금까지 들은 것만 해도 출근비, 프로그램 사용료, 보험료... 하루에 한 콜만 하더라도 나가야 하는 거죠?

황정규 그렇습니다. 그래서 현재 부산 시장만 놓고 볼 때 업체에서 발생시키는 만 원짜리 콜을 한 개 타면 수수료만 일단 3000원이고요. 60세 이상 기사는 보험료가 1980원입니다. 여기에 프로그램 사용료 500원까지 빼고 나면 실 수익금은 얼마 되지 않습니다.

노기섭 보험료가 나이대별로 다르군요.

황정규 연령대가 높을수록 높습니다. 대응력이나 순발력이 떨어진다는 이유를 갖다 대는 거죠. 그런데 또 하나. 부산 대표 업체 4곳의 보험료가 제각각입니다. 이해할 수가 없습니다. 그리고 기사 한 명에게 여러 개 보험에 가입되어 있어서 사고 접수를 하면 사고 처리 담당자가 물어봅니다. "어떤 보험으로 처리해 드릴까요."

노기섭 대리운전기사가 카카오 콜을 받을 수도 있고, 트리콜 콜을 받을 수도 있으니까 이 회사들에 다 보험료를 낸다는 거죠? 기사들이 밤낮이 바뀌어서 생기는 각종 질병이나 직업병도 많다면서요.

황정규 국제보건기구에서 야간업무를 하는 것도 2급 발암물질 유발에 해당된다는 보고서를 봤습니다. 낮과 밤이 바뀌니까 아무래도 수면장애를 호소한다든지, 식사 후에 통증을 호소하는 분들도 많이 계십니다. 또 햇볕을 제대로 받지 못하니까 비타민이 부족해서 빈혈이 유발된다든지 여러 이상을 호소하는 분들을 자주 보게 됩니다.

노기섭 나가야 할 돈은 고정되어 있고, 수입이 적으니까 영양 보충도 적을 거고, 상황은 점점 열악해지고, 이게 계속 반복되다 보면 악순환이네요.

황정규 악순환의 연속이죠. 그걸 해소할 수 있는 계기가 마련되어야 하는데 사실은 꽉 막혀 있다고 봐야 합니다.

노기섭 코로나 19 때문에 더 많은 어려움이 있었을 것 같아요.

황정규 일감 자체가 절반 이하로 뚝 떨어졌어요. 수입도 절반 이상 감소했죠. 콜 수가 워낙 급감하다 보니 있는 콜에 대한 경쟁도 치열해졌어요. 시의회에서도 신경을 써주시고 시청에서도 관심을 가지고 계신데 부산노동권익센터같은 기관이 법률이나 재취업 등 여러 전반적 문제들을 핸들링해주면 좋겠다는 생각을 가지고 있습니다.

노기섭 부산노동권익센터가 있더라도 많은 영역에 특수고용노동자들이 있으니 지원센터가 다양하게 필요하다고 생각합니다. 또 이동노동자를 비롯해서 시민의 이동

권을 확보하기 위해서 서울의 올빼미 버스처럼 노선을 만들어서 이동노동자가 야간 심야 버스를 폭넓게 이용할 수 있도록 하는 방안도요. 또 대리운전과 관련한 공공앱에 대한 생각도 있습니다.

황정규 지부에서도 공공앱에 대해 중요하게 인식하고 있습니다. 카카오가 지금 부산 시장에서 프로모션을 진행을 하고 있죠. 하지만 이게 시간이 지나면 문제로 부각될 소지가 있어요. 저가요금의 고착화 등이죠.

노기섭 저가요금이 고착화되면 대리운전기사들의 수입도 그만큼 낮아진다는 거죠?

황정규 그렇습니다. 카카오에 대항해 지역업체들도 콜 가격을 낮추지 않는다는 보장이 없거든요.

노기섭 카카오와의 경쟁에서 지역업체들이 쥐어짜는 건 결국 대리운전기사들이 될 수밖에 없는 구조라는 거군요.

황정규 그런 부분이 우려가 됩니다. 또 곧 현실로 나타날 가능성도 보이고요. 본격적으로 카카오가 부산 시장의 공룡으로 등장했을 때 견제할 수 있는 지역업체는 없다고 봅니다. 결국은 자생력을 잃어버리고 다 도태된다면… 그래서 거대 자본이 부산 시장을 점령했을 때 대항마로써 공공앱은 꼭 필요하다고 보고 있습니다.

노기섭 공공앱이 필요한 이유는 과다한 수수료, 프로그램비, 보험료 등 이중 삼중 착취 구조의 문제를 없앨 수 있다는 거죠. 제가 또 하고 싶은 얘기는 대리운전도 공공 운수 수단의 영역이라고 보자는 겁니다. 시민들이 술을 마시거나 다른 필요에 의해 대리운전을 부르는데 여기는 안전의 문제도 포함되어 있기 때문에 공익적인 측면이 강하다고 생각하거든요. 그래서 공공의 영역에서 취급되어야 한다고 보고 공공앱을 통해 이 영역을 보호해야 한다고 생각합니다. 대리운전기사 입장에서 공감하시나요?

황정규 공감을 넘어 적극적으로 지지합니다.

2019년 6월 17일, 제 278회 정례회 제1차 본회의 5분 자유발언 中

"음주운전으로 많은 사회적 비용이 발생합니다. 대리운전은 이러한 사회적·경제적 피해를 미연에 방지하는 소중한 직업입니다. 대리운전기사에 대한 적절한 법적 보호망과 노동권을 보장하는 것은 안전한 부산시를 구축하는 데 필수적인 사항입니다. 그래서 부산시가 적극 나서서 지자체를 비롯한 공공의 영역에서 대책을 마련하는 게 매우 중요한 일이라고 봅니다."

"직업 성격상 대리운전기사들 대부분은 심야에 집중적으로 근무를 하고 있기 때문에 업무 수행을 위한 이동과 심야퇴근을 위해 이동수단의 보장은 꼭 필요한 대책입니다. 따라서 본 의원은 대리운전기사들의 어려움에 대해 적극 공감하면서 이들의 권익 보장과 증진을 위해 지원할 수 있는 다음과 같은 방안을 부산시에 촉구합니다."

"첫째, 시의회는 대리운전기사들의 안전과 수익 향상을 위해 이동노동자의 야간 이동권 보호 조례 제정을 위해 노력하겠습니다. 부산시는 여객운송사업법을 위반하는 위법적 영리활동을 바로 잡아 주시기 바랍니다.

둘째, 부산교통공사 설치 조례 제3조제4호는 "기존 운송사업자의 노선과 중복되지 아니하는 버스운송사업을 할 수 있다."고 되어 있습니다. 이를 근거로 서울에서 이미 시행한 바 있는 올빼미버스와 같은 심야버스 운행이 가능한지 여부에 대해 부산시와 부산교통공사는 적극적으로 검토해 줄 것을 요청합니다.

셋째, 대리운전 업체의 위법적 소지가 있는 셔틀버스 운행과 과도한 요금 편취에 대해 부산시는 대리운전노동조합과 논의의 장을 만드십시오. 그리고 협의를 통해 공정거래위원회 고발을 포함하여 위법적 행위의 중단을 위한 모든 행정적 조치를 취할 것을 강력히 요구합니다."

노기섭 너무 딱딱한 얘기를 많이 한 것 같네요.(웃음) 노동조합은 어떻게 하다가 시작하게 되셨나요?

황정규 대리운전 일을 하다가 '세상에 무슨 이런 바닥이 있나'라는 생각이 들었어요. 뜯어 가도 너무 많이 뜯어 가는 거죠. 제가 쉽게 좀 표현하겠습니다. 기사들 등에 빨대 꽂아서 빨아 가는 형국이다. 그래서 이런 논조의 글을 기사들이 속해 있는 밴드에 올렸습니다. 이 글을 읽은 한 분이 연락이 와서 분노만 할 게 아니고 뭔가 바뀌야 하지 않겠냐고 하는 거예요. 이 일 하기 전 자영업 할 때는 납품하러 창원공단에 올라가 보면 빨간 락카 가지고 단결투쟁 적어놓고 하는 걸 보고 도대체 왜 저러나 했었습니다.

노기섭 그때는 본인이 노동조합 하게 될 줄은 몰랐겠죠.(웃음) 부산 대리기사 중 노조 조합원은 몇 명인가요?

황정규 DB에 확보돼 있는 조합원은 1200여 명입니다. 이 중에 권리조합원은 130명 정도 됩니다.(2020년 7월 기준)

노기섭 아직까지 적네요. 먹고 살기도 빠듯한데 조합까지 가입하기가 쉽지 않겠죠.

황정규 단일 직장이면 정문에 출근할 때 선전지를 나눠주거나 하는 방식으로 홍보를 할 수 있는데 대리운전기사들은 출근지도 다 다르고 출근 시간도 다 다릅니다. 또 대리운전은 잠깐 하는 거고 곧 그만둘 거라서 노동조합 가입을 하지 않겠다는 분들도 있고요.

노기섭 함께 조합을 만들기 어려운 부분이 있겠네요. 단합하면 구조적인 문제를 해결할 수 있는데 안타깝기도 합니다. 사무국장으로서도 고민이 많이 되시겠습니다.

황정규 각 지부가 유기적으로 협조해 잘 움직여서 중앙이 튼튼해질 수 있었으면 좋겠습니다.

노기섭 시의원들과도 더 많은 얘기를 하고 이동노동자쉼터도 더 활성화시키고 대리운전노동조합에도 조합원들이 더 많아져서 구조적으로 잘못된 부분들이 개선됐으면 좋겠습니다. 인터뷰에 응해주셔서 고맙습니다. 끝으로 하실 말씀이 있으시다면?

황정규 특수라는 이름이 붙은 노동자. 어렵게 지내는 대리운전기사들을 시청이나 시의회에서 지속적으로 관심 가져주시고 보듬어주시면 좋겠습니다.

〔부산광역시 대리운전노동자의 권익 보호를 위한 조례〕

(제정) 2020-11-11 조례 제 6271호

제안자 : 8대 노기섭(북구2(덕천1,3동, 만덕1,2,3동)) 의원

제5조(대리호출 공공플랫폼 구축·운영) ① 시장은 대리운전업자의 운송질서의 교란행위를 방지하고 대리운전노동자에 대한 수익 부당 편취 등을 방지하며, 대리운전노동자의 효율적인 업무 수행을 돕는 등 권익을 보호하기 위하여 대리호출 공공플랫폼(이하 "플랫폼"이라 한다)을 개발하여 운영하도록 노력하여야 한다.

② 시장은 플랫폼의 구축·운영에 관한 사무를 「지방공기업법」에 따라 시가 설치한 공사·공단에 위탁할 수 있다.

③ 시장은 플랫폼 운영 수익금을 대리운전노동자의 이동노동자쉼터 등 권익 보호를 위한 시책을 추진하는 데 사용할 수 있다.

④ 플랫폼 운영 및 비용산정에 관한 세부 내용은 규칙으로 정한다.

이인경 부산외국인주민지원센터 센터장

부산시 인권위원회 위원으로 활동하면서 부산에 살고 있는 이주민의 인권에 대해서도 고민해왔습니다. 앞으로 무엇을 하면 좋을지, 이주민의 인권 증진을 위해 어떤 역할을 해야 할지에 관한 생각도 많았습니다. 부산시에 등록한 외국인은 해마다 꾸준히 증가하고 있는 상황이고 한국계 중국인을 비롯한 베트남, 캄보디아, 태국, 인도네시아 등 여러 국가의 이주민들이 부산에 살고 있습니다. 하지만 법률 등을 통해 이주노동자의 고용안정을 추진하고 있는 것에 반해 이들에 대한 착취와 비리는 여전히 잔존하고 있는 상황입니다. 그만큼 이주노동자를 비롯한 이주민에 대해서 지자체 차원에서도 지원범위를 확대해야 한다는 필요성을 느꼈습니다. 그리고 이런 일련의 문제에 대해 부산 거주 이주민의 가장 보편적인 권리인 '인권'을 보호하고 차별받지 않고 자유롭고 존엄한 인격체로서 노동할 수 있도록 '부산시 외국인노동자에 대한 지원 조례'를 제정해 제도적 장치를 마련했습니다. 부산에 살고 있는 이주민의 인권, 정책 등과 관련해 부산외국인주민지원센터 이인경 센터장님을 만나 여러 이야기를 나눠봤습니다.

노기섭 이렇게 시간을 내주셔서 감사합니다. 우선 센터장님 소개부터 해주시죠.

이인경 네, 저는 이인경입니다. 올해로 이 일을 한 지 20년 차입니다. 〈이주민과함께〉라는 단체에서 11년 일을 하다가 〈이주민과함께〉에서 외국인근로자지원센터를 맡게 돼서 센터장으로 파견을 나오게 됐습니다.

노기섭 오래되신 만큼 이주노동자들과 잘 아실 것 같습니다.

이인경 오래된 공동체 사람들과는 많이 알고 있어요. 그중에는 20년 동안 서로 알고 지내는 분들도 있어요. 친구처럼 지내는 거죠.

노기섭 센터 소개를 좀 해주시죠.

이주민도 사람이고, 다양한 정체성을 지닌 채 지역사회에서 살아가는데 체류자격에 따라 딱 하나의 문제만 있다고 생각하고 정책을 만드는 것 같습니다.

이인경 우리 센터는 2012년 부산시가 민간위탁을 해서 〈이주민과함께〉가 운영하고 있습니다. 저희는 이주 노동자의 권익 보호, 권리 증진, 문화 다양성 등 가치들을 가지고 일을 하고 있어요. 그래서 상담과 교육뿐만 아니라 이주민들이 문화적 삶을 향유할 수 있도록 하는 프로그램 등을 지원하고 있습니다.

노기섭 다문화가족지원센터도 있는 것으로 알고 있는데요.

이인경 다문화가족지원센터는 부산에 11곳이 있어요. 그런데 다문화 가족보다 노동자 수가 더 많습니다. 그리고 다문화 가족에 속하는 이주여성들도 사실은 대부분 일을 하고 있는 사람들이에요. 그런데 지금 부산시에서 지원하는 센터는 딱 이거 하나밖에 없으니까... 상담을 필요로 하시는 분들은 이런 센터가 좀 많이 늘었으면 좋겠다는 바람을 가지고 있어요. 서비스를 받는 입장에서 당연히 가까운 곳에서 내가 가능한 시간대에 서비스를 받고 내가 이해할 수 있는 언어로 상담받고 싶으니까요.

노기섭 부산노동권익센터 같은 경우도 컨트롤타워의 역할을 하면서 상담소나 쉼터 같은 곳들을 지역별로 두는 쪽으로 방향을 잡고 있습니다. 외국인근로자지원센터도 그런 형태가 되는 것이 좋지 않냐는 말씀을 하시는 것 같아요.

이인경 고민이 되는 부분들이 있습니다. 예산은 어차피 한정되어 있을 건데 지금 우리가 이주민종합지원센터가 필요하다고 요구하면서 상담, 교육, 문화 이런 것들에 대해서 얘기를 하면...

노기섭 여기서는 안 되나요?

이인경 안 되죠. 공간도 너무 부족하고 접근성도 떨어지고. 특히 장애인 분들은 올 수가 없어요. 엘리베이터가 있는 것도 아니고요. 임신한 여성들도 사실 힘들어요.

노기섭 그렇네요. 공공의 업무를 민간에 위탁하는 건데, 그러니까 공적 영역이라는 거죠. 그런데 장애인들이 올 수 없는 구조로 되어 있다는 것도 상당히 문제가 있다는 생각이 드네요.

이인경 공무원들이 이주노동자라고 하면 신체 건강한 남성이라고 생각하는 것 같아요. 그런데 사실 우리가 만나는 이주노동자들 중에는 산재사고를 당한 분들도 많거든요.

노기섭 센터 이름이 〈외국인근로자지원센터〉에서 〈외국인주민지원센터〉로 바뀌었어요. 이름을 바꾸게 된 계기나 이유가 있나요?

이인경 네, 올 초에 부산외국인근로자지원센터가 부산외국인주민지원센터로 명칭을 바꿨습니다. 센터 이용자들은 설립 초기부터 고용허가제 노동자뿐 아니라 결혼이민자, 난민, 유학생 등 다양한 체류자격을 가진 이주민들입니다. 모든 이주민을 넓게 지원하기 위해서 명칭개정이 필요했지만 쉽지는 않았습니다. 센터의 취지에 공감해주는 시의원님들 덕분에 개명할 수 있었습니다.

노기섭 부산에 거주하는 이주민들만의 특징이나 특성은 어떤가요?

이인경 2020년 부산시에는 7만 2729명의 이주민이 거주하고 있습니다. 노동자, 결혼이민자, 유학생들이 고루 체류하고 있어요. 좀 더 자세히 살펴보면 한국 국적을 가지지 않는 이주민이 5만 4914명이고, 귀화자가 6422명, 외국인 주민의 자녀가 1만 1393명입니다. 체류자격으로 보면 노동자가 1만 2711명, 결혼이민자가 7365명, 유학생이 1만 547명, 외국국적 동포가 4197명이고 기타 체류자격을 가진 이주민이 2만 94명으로 나타납니다. 연령대로는 20~49세가 약 4만 9000명입니다. 이들은 대부분 경제활동에 참여하고 있어요. 체류기간은 5년 미만이 다수이지만 10년 이상 장기 체류자도 점차 증가하는 추세입니다. 부산의 주민등록인구는 감소하는데, 이주민의 인구는 꾸준히 증가하는 모습을 보였어요. 코로나 19 이후로는 노동자나 유학생이 새로 입국하지 못해 다소 감소했습니다.

노기섭 센터를 운영하면서 어려웠던 점은 없었나요?

이인경 이주민 관련 일을 25년째 하고 있고, 전국네트워크에서 활발하게 활동해 필요할 때 전국단체와 협력해서 일을 해결하기도 합니다. 그런데 부산시 위탁기관이다 보니 센터의 열정을 법과 제도가 따라주지 않을 때가 많습니다. 또 지원이 필요한 사람은 많은데 센터의 인력, 공간, 예산이 충분치 않아서 늘 고민입니다. 센터가 3층인데 엘리베이터가 없습니다. 산재로 다친 이주민이나 아이를 동반한 여성들이 이용하기 어렵습니다. 긴급지원이나 외부 후원으로부터 물품이 많이 배송될 때 택배노동자들도 힘들어합니다. 그럴 때 센터장으로서 미안하지요.

노기섭 부산에 살고 있는 이주민이 약 7만 명이라고 하셨는데, 그 정도면 부산 한 개 구에 사는 인구 정도네요. 부산도 곧 이민사회로 접어들 것 같습니다. 이주민이 부산에 정주하는 데 어려운 점들은 어떤 것들이 있을까요?

이인경 이런 어려움은 꼭 부산만의 문제는 아닐 겁니다. 한국정부의 이주민정책은 포섭과 배제정책이라고 해도 과언이 아닙니다. 결혼이주여성과 유학생은 적극적으로 정책에 포함시키고, 고용허가제 노동자는 단기 로테이션 정책을 폅니다. 이주민도 사람이고, 다양한 정체성을 지닌 채 지역사회에서 살아가는데 체류자격에 따라 딱 하나의 문제만 있다고 생각하고 정책을 만드는 것 같습니다. 예를 들면 결혼이민자는 한국인의 아내로, 어머니로, 며느리로서의 역할을 요구받고 그런 젠더 역할을 수행할 때만 다문화가족지원센터의 지원을 받을 수 있습니다. 일을 한다거나 이혼할 경우에는 지원이 어렵습니다. 센터가 '외국인근로자지원센터'였을 때 외국인노동자 중에는 고용허가노동자와 방문취업동포만 지원받을 수 있었습니다. 하지만 이들도 체류자격을 변경해서 계속 한국에 거주하거나 가족을 초청해 같이 살 수도 있습니다. 그런데 이런 종합적 지원 정책은 어디에도 없었습니다. 그나마 우리 센터 명칭을 '외국인주민지원센터'로 바꾸면서 다양한 이주민이 체류자격과 상관없이 서비스를 받을 수 있다는 점이 그나마 다행입니다. 또 하나의 문제는 최근에 장기체류 이주민이 증가하고 있는데 이분들이 다양한 영역에서 차별을 받고 있다는 점입니다. 예를 들어 자녀가 어린이집에 가려고 해도 보육료 지원을 받을 수 없습니다. 그래서 아이들이 집 안에 방치되거나 본국으로 돌려보내지기까지 합니다. 초등학교, 중학교는 의무교육으로 지원을 하면서 왜 어린이집이 지원대상이 아닌지 모르겠습니다. 경기도 같은 경우 어린이집 보육료도 지원하고 있는 것으로 알고 있습니다.

노기섭 앞으로 이민사회를 대비하기 위한 이주민 지원 정책에는 어떤 것들이 있을까요?

이인경 체류자격에 따라 정책을 펼 것이 아니라 '사람'의 입장에서 정책을 만들어야 한다고 생각합니다. 지금은 다문화가족지원센터에 난민 가족이 가서 교육을 받고 싶다고 하면 "난민은 우리 지원 대상이 아니다."라고 거부합니다. 또 외국인노동자지원센터에 결혼이민자가 찾아가 임금체불 상담을 할 수 없습니다. 모두 우리 대상이 아니라고 합니다. 이주민들은 의사소통의 어려움도 있고 한국의 제도를 잘 모르기도 합니다. 그래서 통합적으로 이주민을 지원하는 '이주민종합지원센터'가 필요합니다. 이주민들 대부분 보다 나은 삶을 위해 부산을 찾았습니다. 이들에게도 안정적인 노동환경, 여유로운 여가생활을 누릴 수 있게 해주고 배우고 성장할 기회가 주어져야 합니다.

노기섭 마지막으로 이주민의 인권 증진을 위해 하고 싶은 이야기나 시의회에 바라는 점이 있으시다면?

이인경 지금 부산시의원님들이 인권, 노동, 복지에 관심을 많이 기울여주시고 있고, 발로 뛰며 조례도 만들어주고 계십니다. 특히 인권, 노동, 복지에 이주민들 문제도 고민하고 함께해주셔서 감사드립니다. 작년과 재작년에 부산시 이주민 정책 마련을 위한 콜로키움을 만들어 시민단체 활동가들과 공부하고 발표했던 기억이 선합니다. 그 과정에서 이주노동자인권조례도 만들었고 센터 명칭도 변경했습니다. 뜻을 모으면 조금씩 세상이 변한다는 희망도 갖게 됩니다. 이주민을 특별대우를 요구하는 것이 아니라 부산시의회에서 만드는 보편적인 조례에 이주민들이 항상 포함되었으면 합니다. 이주노동자와 이주민이 차별받지 않도록 신경써주면 좋겠습니다. 부산에 거주하는 이주민들의 다수가 아시아 지역 출신입니다. 한아세안정상회담 때만 이주민의 존재를 인식하는 것 같아 씁쓸할 때가 있습니다. 항상 이들의 존재를 인정해주신다면 부산의 많은 이주민들이 행복할 것 같습니다.

양승은 • 정진홍 부산시청 청원경찰

부산시의회에서 일하면서 시의회와 가장 가까이에 있으면서도 소외 받아왔던 청원경찰들의 이야기를 듣게 되었습니다. 그리고 그 관심은 청원경찰 관련 전국 최초 조례를 제정하는 것으로 이어졌습니다. 제가 시의원으로서 가장 신경 썼던 부분이 노동인데, 이토록 시의회와 가까이에 있는 청원경찰의 처우가 취약할 정도로 우리 사회 곳곳에는 관심받지 못하고 보호받지 못하는 노동자들이 많았던 것입니다.

청원경찰은 청원경찰법, 근로기준법, 지방공무원법, 경찰공무원법의 적용을 받고 있었습니다. 적용받는 법이 단일화되어 있지 않았습니다. 그런데 이 4개의 법들이 청원경찰에게 유리한 보호막이 아니라 불리한 방어벽으로 작용하고 있었습니다. 이 때문에 청원경찰의 처우는 상대적으로 취약한 상황이었습니다.

전국 최초로 '부산광역시 청원경찰 처우개선에 관한 조례'를 제정함으로써 청원경찰의 억울한, 부당한 대우를 청산하고 효율적이고 안정적인 업무를 수행하게 하기 위해 노력했습니다. 부산시청을 비롯한 사용기관에서 시민의 안전과 기관의 보안에 더욱 전념할 수 있도록 해야 하는 것이 저의 역할이라고 느꼈기 때문입니다. 무엇보다 공공기관이 모범이 되어야 한다고, 좋은 사례를 공공기관에서 앞서 만들어나가야 한다고 생각했습니다.

청원경찰 역시 노동자인데, 노동 조건도 당연히 투명하게 이뤄져야 합니다. 여러 차례 청원경찰들과 간담회를 가지면서 조례를 통해 청원경찰이 부당한 처우를 받지 않고 처우개선을 위한 기본계획을 수립해 시행할 수 있도록 도왔습니다. 청원경찰들과 만나 이야기를 나눠봤습니다.

노기섭 교대근무에 밤낮없이 애써주시는데 이 자리까지 나와주셔서 정말 감사합니다. 청원경찰 분들의 처우가 이토록 취약했는지 시의회에서 근무하면서도 미처 살피지 못했습니다. 이 자리를 통해 청원경찰 처우개선 조례를 더욱 발전시키고 청원경찰이 시민의 안전과 보안에 전념할 수 있도록 노력하겠습니다.

양승은 사실은 의원님이 전국에서 제일 먼저 관심을 가져주시고 목소리도 내주셔서 전국의 청원경찰들 사이에서 이슈가 되고 타 시도에서도 연락이 오기도 했습니다.

노기섭 두 가지였죠. 주 52시간 근무 도입이 되면서 복지가 후퇴해 순경 기준으로 월 30만 원 정도 급여가 줄었고, 인력은 채용 안 됐다는 거였죠.

양승은 주 52시간 근무 도입이 되어서 근무시간이 줄어들게 되면 추가 인력이 채용되어야 하는데 채용 자체가 안 된 게 문제입니다. 또 고용형태가 바뀌면 어떤 식으로든 임금보전을 해줘야 하는데 근로기준법 제51조 4항에도 임금보전을 강구해야 한다고 나와 있습니다. 그런데 그것도 없었던 거죠.

노기섭 근로기준법에 의해서 주 52시간으로 바뀐 건데 말이죠...

양승은 복무에서 근로시간은 근로기준법에 따릅니다. 그런데 청원경찰에게 적용되는 청원경찰법이 또 있습니다. 그런데 이 법에서는 청원경찰을 '공무원으로 보지 아

〔부산광역시의회 보도자료 2020-10-20〕

청원경찰 처우 개선을 위해 부산시의회가 노력하다.

노기섭 시의원, 전국최초 3법 적용받는 청원경찰을 위해 처우개선 노력하도록 조례를 제정하다.

◈ 근로기준법, 공무원복무규정, 청원경찰법 등에 노출된 청원경찰!

◈ 편의 위주의 법 적용으로 노동의 사각지대에 놓인 청원경찰 노동자!

◈ 노기섭 시의원이 부산시 청원경찰 노동자의 불합리한 처우를 개선시킨다.

▣ 제291회 임시회 기획재경위원회를 통해 상정된 「부산광역시 청원경찰 처우개선에 관한 조례」 제정안이 노기섭 의원(더불어민주당, 북구3)과 제대욱 의원(더불어민주당, 금정구1)에 의해 공동 발의되어 통과되었다.

▣ 조례를 대표 발의한 노 의원은 의정활동 시작에서부터 꾸준히 노동자의 권익 보호에 앞장선 대표적인 시의원인데,

가장 근접 거리에서 24시간 시청사를 비롯한 직속 기관에서 근무하고 있는 부산시 청원경찰들이 인사규정에 정해진 내용 외에 불합리하게 적용되는 부분을 담은 내용으로 조례가 필요하다는 것을 인지하고 전국 최초로 청원경찰 처우 개선을 위한 조례를 제정하였다.

▣ 노 의원은 "청원경찰 역시 노동자인데, 노동조건이 투명하게 이뤄지지 않는다는 것을 조사를 통해 알게 되었고, 이에 대해 여러 차례 청원경찰 노동자들과 간담회를 가지면서 처우개선을 위한 조례를 제정하면서 제도적 장치를 마련하게 되었다"고 조례 필요성을 설명하였다.

▣ 노 의원과 제 의원이 공동으로 발의한 조례의 주요 내용을 살펴보면, 우선 적용범위를 부산시본청, 시의회사무처, 직속기관, 사업소에 근무하고 있는 청원경찰로 적용하였다. 그리고 시장은 청원경찰이 부당한 처우를 받지 않고 권익이 보호되도록 노력하여야 하고 복무와 복리증진을 위하여 지속적으로 노력하여야 한다고 규정하였다. 또한 청원경찰 처우개선을 위한 기본계획을 3년마다 수립하여 시행하도록 하면서, 특히 ▲ 현장 대응 시 발생할 수 있는 위험적 요소에

대한 사항, ▲ 야간순찰근무 시 발생할 수 있는 위험적 요소에 대한 사항, ▲ 처우에 관한 기본계획 실행을 위한 재원확보에 관한 사항 등을 포함시키되 전문가 의견을 청취하도록 하고 정기적으로 이행 여부를 점검하고 평가하여 다음 계획 수립 시 반영하도록 하였다. 그리고 청원경찰의 직무범위를 분명하게 명시하였고, 정년퇴직 1년 전에 있는 청원경찰의 경우 제2인생을 설계 및 준비하도록 하기 위해 인재개발원 등에서 운영하는 교육프로그램에 참여할 수 있는 통로를 만들었다. 청원경찰 처우개선 위원회를 두게 하면서 청원경찰도 회의에 출석하여 의견을 개진할 수 있도록 장치를 마련하였다. 특히 의무와 복무 등에 대해서도 ▲ 은퇴준비휴가를 줄 수 있도록 하였고 ▲ 신분증 발급에 관한 사항에 대해서도 공무원증을 준용할 수 있도록 하였다.

▣ 노 의원은 이번 조례 통과를 통해 청원경찰이 보다 합리적이고 효율적인 관리와 처우를 보장받을 수 있게 함과 동시에 노동자로서 권익이 보호될 수 있는 장치가 마련된 것이라며, 청원경찰 처우 개선에 관한 조례명으로 부산시가 가장 먼저 제정한 것은 상당히 큰 의미를 가진다고 언급하였다.

니한다'라고 명시하고 있어요. 이것 때문에 근로기준법이 적용된 겁니다.

노기섭 그 당시에는 경찰관 분류 중 하나가 청원경찰이었는데, 지금은 분리된 거네요. 부산시청에는 청경이 몇 분 계시나요?

정진홍 50여 명 있어요. 여자는 본청에만 8명 있습니다. 사업소와 구군까지 합하면 모두 300여 명입니다. 전국적으로는 1만 2000명가량 되고요. 전국적인 조직은 '대한민국청원경찰협의회'라고 있긴 한데 친목회 정도에 불과합니다.

노기섭 주 52시간 근무 도입이 되면서 전체적인 노동시간이 줄었으니 공백이 생겼을 텐데, 어떻게 채워지나요? 2명 근무하는 곳에 1명 이런 식인가요?

정진홍 그렇기도 하고, 근무지도 약간 조정됐습니다.

양승은 의원님이 조례작업 하시면서 계속 말씀하셨던 부분이 근무형태에는 변화가 있더라도 임금은 손을 대면 안 된다는 거였다고 알고 있습니다. 근로기준법에도 임금보전을 강구해야 한다고 명시되어 있고요. 이걸 얘기해도 시에서는 배제를 하죠.

노기섭 그건 근로기준법입니다. 여러분은 청원경찰이니 청원경찰법, 경찰공무원법을 따르거나 지방공무원법을 따라야 한다고 봐요. 더 문제인 건 청원경찰들에게 이 네 개의 법이 같이 적용된다는 겁니다.

양승은 청경들은 사각지대에 있는 것 같아요.

노기섭 그래서 조례가 중요합니다. 청원경찰법, 근로기준법, 경찰공무원법, 지방공무원법 이 네 개가 혼재되어 있으니 어떤 사안에 정확한 규정을 못 하고 있어요. 시에서는 원하는 대로 들이대고 있죠. 그래서 청경에 관련한 조례를 만들자고 한 거죠.

노기섭 일반 시민들은 주 68시간에서 52시간으로 줄어들어

주 52시간 근무 도입이 되어서 근무시간이 줄어들게 되면 추가 인력이 채용되어야 하는데 채용 자체가 안 된 게 문제입니다.

좋아진 거라고 볼 수도 있을 것 같아요.

양승은 근무시간이 줄어들고 나서 청원경찰 계급 순경 기준으로 월 30만 원의 임금이 줄었어요. 계급이 더 높은 분들은 더 차이가 나요. 그걸 2년이 넘게 방치해왔습니다. 계획 같은 것도 없어요. 향후 5년 안에 청원경찰 정원을 더 늘리겠다든지 적어도 이런 계획이라도요.

노기섭 지난번에 말씀드렸던 건데, 노조는 안 만들 거예요?

양승은 전체적으로 만들자는 분위기는 있어요. 그런데 아직 시기상조라는 분위기도 있습니다. 노조를 설립하는 게 과연 득이 있을까 그렇게 얘기도 나오고요.

노기섭 저는 노조가 있는 것과 없는 것의 차이가 크다고 생각합니다. 노조를 만들어서 한 목소리를 내는 게 맞다고 봐요. 부산에서 만들어지면 다른 시도에서도 만들어질 거고요.

양승은 부산에도 청원경찰 노조가 있는 구청이 한 곳 있어요. 금정구청 청원경찰은 민주노총 공공운수노조에 가입이 되어 있어요. 청경들이 노조에 대해 잘 알지 못하기 때문에 도움을 받을 상급단체가 필요하고, 가입비로 5~6만 원을 내야 한다는 부정확한 정보도 돌았습니다. 그래서 제가 금정구청 청경들은 노조를 하고 있으니 상급단체에 정확하게 가입비를 얼마나 내는지, 노조를 하게 되면 대한민국청원경찰협의회와 어떤 문제가 생기는지 얘기를 해보자고 말했습니다. 또 전체 청원경찰들 수요조사부터 해보자고 얘기했어요. 수요조사 후에 노조를 만든다면 시기를 언제부터 할 건지도 정하고요. 대한민국청원경찰협의회 집행부는 조금만 더 기다려보래요. 현재 진행상황은 이렇습니다.

노기섭 이번에 주 68시간 근무에서 52시간으로 바뀌면서 인건비 보전에 대한 손실이 있었는데 그걸 다 감내한다고요? 부산에서 내고, 서울에서도 목소리를 내고, 경기도에서 내고, 구청에서도 내고 한 목소리를 내면 이슈화될 거고, 부당하다, 처우개선이 필요하다, 요구를 해야죠.

양승은 인원이 적으니까 목소리를 내도 사실 잘 안 되고 있죠. 그래도 만약 노조를 하게 되면 단체교섭권이 있으니까 그걸 통해 얻을 수 있는 게 있다고 생각해요.

정진홍 미화원 분들, 안내데스크 직원 분들은 모두 공무직 전환이 돼서 많은 혜택을 안고 가셨어요. 공무직 노조가 따로 있으니까요. 그런데 청원경찰은 아무것도 진행이 안 되고 있는 상황입니다.

노기섭 그래도 전국 최초로 조례도 만들어지고, 이번을 계기로 청원경찰 조직 내부에서도 목소리를 내고, 권리를 요구할 수 있는 창구를 만들어 더욱 긍정적인 방향으로 나아갔으면 하는 바람입니다.

인터뷰 이후 '부산광역시 청원경찰 처우개선에 관한 조례' 개정이 완료됐습니다. 조례에는 '부산광역시 청원경찰 처우개선에 관한 기본계획'을 3년마다 수립 및 시행해야 한다고 명시했습니다. 또한 청원경찰처우개선위원회를 설치하도록 하기도 했습니다.

부산의 신호탄 덕분이었을까요. 부산 조례 시행 이후 경남에서도 '경상남도 청원경찰 처우 개선에 관한 조례안'이 의결됐다는 소식이 들려왔습니다. 제주도에서도 도 소속 청원경찰에 대한 '퇴직준비휴가제도'를 도입하는 등 처우개선에 적극 나서야 한다는 목소리가 나왔습니다. 제주특별자치도 행정사무감사에서 강철남 의원(제주시 연동을)은 제주특별자치도 총무과를 대상으로 청원경찰 관리 등에 대해 집중 질의를 하기도 했습니다.

저는 전국 최초였던 '부산광역시 청원경찰 처우개선에 관한 조례' 제정에 그치지 않고 부족한 부분을 보완해 개정하는 데도 앞장섰습니다. 업무를 수행하고 있는 청원경찰은 청원경찰법과 경찰관 직무집행법을 모두 따라야 했기에 이에 준하는 처우개선 내용을 보강하는 것이 목적이었습니다. 기본계획에는 청원경찰 대표가 출석해 시행 여부를 점검하도록 했고, 처우개선위원회를 매년 1회 할 수 있도록 했습니다. 은퇴 준비 휴가제나 집회 및 시위 근무지 특수수당 지급 등 처우개선에 힘썼습니다. 이 과정에서 수차례 청원경찰들과 만나 고민도 듣고 부족한 부분이 있지는 않은지 의견을 나누었습니다.

노동존중 부산을 향해 가야 할 길이 먼 것 같습니다. 부산 곳곳에 취약한 노동조건에 힘들어하면서도 보호받지 못하는 노동자들의 목소리를 대신 내주는 것이 저의 책무라고 생각했는데, 막상 바로 옆에 있는 청원경찰 분들이 고충을 가지고 있었습니다.

이번 조례 작업을 하면서 한편으로는 희망적이라는 생각도 했습니다. 청원경찰의 처우개선은 조례를 계기로 계속 발전해나갈 거라는 믿음이 있기 때문입니다. 그리고 부산을 기점으로 전국적으로도 확산할 거라는 기대를 가지고 있습니다.

정귀순 부산시 인권위원장

가장 기본적이지만, 자주 잊어버리게 되는 가치가 바로 인권이라는 생각이 듭니다. 부산시 인권센터가 2021년에서야 설립된 것을 빗대어 보면 부산의 인권행정이 얼마나 더디게 진행되고 있는지 알 수 있습니다. 저는 의정활동을 하며 노동, 인권과 같은 가장 기본적인 일을 중심에 세우기 위해 노력했습니다. 저뿐만 아니라 함께 이 길을 걸어온 사람들이 있습니다. 부산의 인권을 고민하며 활동하고 있는 부산시 인권위원회 정귀순 위원장을 만나 자세한 이야기를 들어보았습니다.

노기섭 반갑습니다. 위원장님께선 〈이주민과 함께〉라는 단체에서 오랫동안 활동해오셨죠? 간단하게 자기소개 부탁드립니다.

인권센터의 필요성이 재논의되기 시작하면서
인권위원회와 시의회가 힘을 모았습니다. 물론 설립이
중요한 일이지만 오랜 시간이 소요된 만큼 잘 만드는
것 또한 중요했습니다.

정귀순 반갑습니다. 국내에서 좀 일찍 이주민의 인권을 위해 일을 시작했습니다. 1996년 〈외국인노동자인권을위한모임〉으로 창립하여 2009년 〈이주민과함께〉로 법인명을 전환하고 2020년 2월까지, 23년 4개월 〈이주민과함께〉의 대표로 활동했습니다. 지금은 이주민의 인권을 넘어 부산지역 인권단체와 활동가들의 성장과 지원, 인권운동 생태계를 튼튼하게 바꾸어가는 것을 주요활동으로 하는 〈인권플랫폼 파랑〉을 준비하고 있습니다. 이주민의 인권에 관심을 가지면서 이주민들이 한국에 올 수밖에 없는 모국, 아시아의 정치경제적 민주주의에 관심을 가지게 되어 아시아평화인권연대를 설립해 공동대표를 맡고 있고, 부산인권정책포럼 운영위원장과 〈만원의연대〉 운영위원을 맡고 있습니다. 직책이나 역할은 필요에 따라 맡는 것이고 저는 '인간의 존엄, 인권, 평등, 성장을 위해 활동하고 있는 43년차 활동가'라고 소개하고 싶습니다.

노기섭 여러 직책과 다양한 활동 중에서도 현재 부산시 인권위원장으로서의 활동이 활발해 보이십니다. 인권위원회 활동에 대한 소개 부탁드립니다.

정귀순 인권위원회는 부산시 산하에 200여 개의 위원회 중 하나입니다. 위원회는 대부분 관련 사업에 대한 '심의·자문'의 역할을 가지고 있지만, 부서에서 준비한 사업계획 등에 대해 민간의 심의와 자문을 구했다는 명분을 만드는 일에 동원된다는 느낌을 남기기도 합니다. 인권위원회도 분명히 변화가 필요했습니다. 부산시 인권위원회의 변화가 시작된 것은, 2019년 1월 부산광역시 인권기본조례 개정으로 인권위원회 위원장을 행정부시장에서 민간위원 중 호선하는 것으로 바뀌었다는 것입니다. 2019년 2월 4기 인권위원회에서 제가 첫 민간위원장이 되었습니다.

사실은 2018년 말 인권위원 참여를 제안받고 좀 망설였습니다. 형식적인 역할에 머무를 것이면 굳이 할 필요가 없을 것 같고, 한다면 제대로 해야 할 것 같았습니다. 그래서 2019년 2월에 열렸던 첫 회의에서 제가 위원장을 하겠다고 했습니다. 다들 좀 놀라셨지요. 만장일치로 위원장이 된 후 전달받은 회의자료를 덮고 "오늘을 첫 회의로 앞으로 한 달에 한 번씩 회의를 하자"고 했습니다. 다행히 그날 그 자리에 참석했던 인권위원들께서 제 의견에 동의해 주셨지만, 그날 이후 6개월 정도 인권위원회와 부서 간 긴장과 갈등이 존재했습니다. 부서에서는 1년에 한 번 정도 열리는 회의 정도로 가볍게 생각했는데 갑자기 예상치 못한 일들이 벌어진 것이었으니 아마 불편했겠지요.

2019년 2월부터 2021년 2월까지, 4기 인권위원회의 가장 중요한 활동은 부산시의 제2차 인권정책기본계획(2020~2024년)을 수립한 것입니다. 인권정책기본계획은 크게 인권행정체계 구축과제, 시민 모두의 안전과 건강, 환경과 관련한 인권개선 과제, 사회적 약자의 인권보호와 증진과제의 세 영역에 걸친 100대 과제로 정리되었습니다.

기본계획 연구용역이 서울에 있는 모 정책연구소로 발주되었을 때 인권위원회에서 '부산의 지역성을 담을 것, 인권현장의 목소리를 충실히 담을 것, 단 하나라도 시민들이 체감할 수 있는 변화가 가능한 실천성을 담을 것', 이 세 가지 내용의 의견서를 냈습니다. 그런데 만 9개월이 걸렸던 연구용역보고서는 실망스러웠습니다. 그래서 부서와 인권위원회에서 새로운 접근으로 기본계획을 수립하자고 제안해 인권위원들을 중심으로 부문별, 대상별 정책과제들을 구성하고 지역의 다양한 시민사회단체들의 의견과 해당 부서의 의견을 수렴해서 100대 과제를 정리하였습니다. 아래로부터의 기본계획수립의 정석을 따른 셈이지요. 6개월에 걸친 이 과정은 인권행정과 인권정책, 인권위원회의 역할에 대해 많이 생각하고 배우는 시간이었습니다. 힘들긴 했지만, 덕분에 전국에서 가장 모범적인 인권정책기본계획으로 알려질 만큼 좋은 결과물을 남겼습니다. 또 하나의 변화는 4기 인권위원회를 마치며 활동보고서를 만든 일입니다. 4기 위원회를 시작했을 때 회의록 하나 남아 있지 않았던 과거를 생각해본다면 큰 성과입니다. 부산시 산하 위원회 중에서 아마 보고서를 낸 유일한 위원회가 인권위원회가 아닐까 싶습니다.

노기섭 부산시 인권위원회의 첫 민간위원장으로 많은 변화를 이끌어내셨습니다. 인권위원회의 역량이 강화된 것이 시민을 대변하는 의원으로서 반갑게 느껴집니다. 더욱 구체적인 성과들이 있을까요?

정귀순 4기를 마치고 지난해 2월 5기 인권위원회가 출범하며 위원장을 연임하게 되었습니다. 새로운 구성원들로 위원회가 구성되는 것도 좋지만 4기에 어렵게 기반을 만들었으니 한 걸음만 더 나아가자는 마음이 커서 7분의 위원들과 함께 연임을 하게 되었습니다. 5기 인권위원회가 출범하면서 가장 중요하게 생각한 것은 인권행정체계의 기반을 구축하는 것이었고, 지난 1년간 성과는 크게 세 가지입니다.

첫째는, 인권행정체계의 중심이 될 수 있는 인권센터가 문을 열었고, 아직 한 명뿐이지만 인권침해 상담과 구제를 담당하는 인권보호관이 업무를 시작했습니다.

둘째는, 인권정책기본계획의 실행 · 실천을 점검하는 활동으로 관련 부서들과의 정책협의회입니다. 인권부서는 부산시의 모든 행정이 인권의 가치를 제대로 실현할 수 있도록 이끌어나가야 하지만 아직 그만한 위상을 가지고 있지 못합니다. 기본계획수립 과정도, 지난해 각 부서의 담당자들과 정책협의 과정도 쉽지 않았습니다. 그러나 여러 부서 담당자들이 함께 모여 부서 칸막이를 넘어 각각의 사업들을 인권의 관점과 가치로 연결하고 재구성해나가는 아주 중요한 과정입니다. 서울시는 시장 주재하에 각 실국장과 인권위원장이 배석한 인권정책협의회를 열도록 조례에서 정하고 있습니다. 부산시는 조례상 위원회에서 회의 참석, 자료요청, 의견서 제출을 요청할 수 있어 그나마 정책협의회가 가능하기도 했습니다.

세 번째는, 지난 해 7월 인권기본조례 개정입니다. 정책 권고를 할 수 있게 되어 8월에 1호 권고를 했고, 곧 2호 권고를 준비 중입니다. 모든 부산시 행정

영역에 인권을 주제로 정책 권고를 할 수 있게 된 것은 인권위원회의 위상과 역할이 강화된 것이라 볼 수 있습니다. 이어지는 위원회 활동에도 지속될 수 있기를 기대합니다.

노기섭 위원회 활동을 하며 본 부산시의 실태는 어땠나요? 안타까웠던 점, 변화가 필요하다고 느꼈던 점들을 구체적으로 말씀 부탁드립니다.

정귀순 우선, 부산시 전체적으로 인권 행정에 대한 이해가 부족하다고 느꼈습니다. 한 사람 한 사람 개인들의 인권 의식은 꾸준히 높아져왔을 텐데 집합체로서 부산시 행정부는 그렇지 않습니다. 부산시에 '인권'의 이름을 단 부서도 2019년 1월에 경제부시장 직속 민생정책관에 속해 있는 인권노동정책담당관실로 처음 구성되었습니다. 인권과 노동과 소상공인 업무를 함께 맡고 있는 이 부서는 정체성이 명료하지 않습니다. 모든 행정에 '인권'의 가치를 녹여내는 인권 행정이 가능해지려면 그에 걸맞은 위상과 체계와 능력(정책과 예산)을 갖추어야 가능합니다. 광주광역시의 경우 50명의 인원이 배치된 민주인권평화국이 있고, 서울시는 정무부시장 직속 인권담당관실은 시민인권보호관 3명

“예산은 우리가 만들어보겠습니다”라고 크게 힘을 실어주지 않으셨다면 인권센터는 만들어지기 어려웠을 겁니다.

을 포함하여 20명이 넘는 공무원이 일하고 있습니다. 부산시는 인권증진팀에서 민주공원 등 민주기념사업과 형제복지원지원사업을 제외하고 인권업무를 맡은 인원은 2.5명 정도입니다. 지난해 인권센터 개소와 인권보호관 채용은 큰 변화이자 진전입니다만, 한국의 제2도시, 인권도시 부산이라는 이름에는 한참 미치지 못한 현실입니다. 서울시와 같이 인권국 수준까지는 아니어도 인권이 시 전체 업무를 관장할 수 있도록 과 수준으로 독립시키거나 인권위원회를 합의제행정기구로 격상시키는 체계 개편이 필요합니다.

또 하나 인권 행정이 제대로 이루어지려면 전문성과 현장과의 소통이 가장 중요합니다. 인권위원장 임기 3년 동안 국장 5명 교체되었고, 과장 3명, 담당 주무관 재임 기간이 평균 8개월에 불과합니다. 업무를 제대로 하기는커녕, 파악하기도 부족한 시간입니다. 이런 상태로는 충분히 준비되고 검토된 인권정책이 나오기도, 다양한 인권 현장과 소통하기도, 제대로 실천해 나가기도 어렵다고 봅니다. 매뉴얼화되어 있는 행정실무 외 정책과 주요 업무를 맡는 공무원들은 전문관제도를 적극적으로 활용하고 개방직을 뽑아야 합니다. 창조적이고 전문성이 요구되는 만큼 이 업무를 마치면 인센티브가 주어지는 것도 인권업무를 활성화하는 방안도 고려되면 좋겠습니다.

광역지자체 인권위원회 협의회 회의에서 제가 물었습니다. "지자체 인권 행정에서 가장 중요한 것이 무엇일까요?" 모두 같은 대답을 하시더라고요. "단체장의 의지!"라고. 부산시가 이 수준에 머물고 있는 핵심에는 인권의 가치와 인권 행정에 대한 의지를 갖춘 단체장이 부재했음을 반영하는 것이기도 합니다. 그나마 8대 의회에서 인권기본조례개정과 인권센터 추진 등 인권위원회의 문제의식과 활동에 크게 힘을 실어주어 이 정도라도 가능했다고 생각합니다.

노기섭 시의회와 함께 이끌어냈다고 평가해주셔서 감사합니다. 부산시 인권센터 설립은 10년에 가까운 시간이 지체된 숙원과제였습니다. 부산시 인권센터 설립에 대해 조금 더 자세하게 말씀 부탁드립니다.

정귀순 2012년 인권조례가 제정된 직후에도 인권센터 설립 추진을 위한 논의가 있었지만 결국 만들어지진 못했습니다. 인권센터의 필요성이 재논의되기 시작하면서 인권위원회와 시의회가 힘을 모았습니다. 물론 설립이 중요한 일이지만 오랜 시간이 소요된 만큼 잘 만드는 것 또한 중요했습니다. 인권센터의 역할에 대한 합의와 예산에 대한 고민이 그러했습니다.

인권센터 설립 논의에서 쟁점은 두 가지였습니다. 하나는 인권센터를 인권부서 내에 둘 것인지, 부서와 독립한 센터를 만들 것인지였고, 또 하나는 인권센터를 시에서 직영할 것인지, 외부 전문기관에 위탁할 것인지였습니다. 전국의 인권센터 중에서도 따를 만한 모범 사례가 존재하지 않기도 했고, 부산시 인권위원회도 어떻게 출발해야 할지 명확한 결론을 갖고 있지 못했습니다. 2020년 부산시의회에서 함께 진행했던 부산시인권행정체계구축 연구가 기틀이 되었습니다. 지난해 5월 열었던 '인권센터 설립을 위한 토론회'에 참석했던 대전시와 울산시의 인권센터장이 남겼던 "부산이 더 나은 모델을 만들어주었으면 좋겠다"는 제안이 큰 자극이 되기도 했습니다.

그래서 인권센터는 행정으로부터 독립성을 견지하는 것과 전문성과 지속성을 갖추는 것이 중요하다는 결론을 내리고 행정 외부에 설치하여 위탁 운영하는 것으로 결정하게 되었습니다. 다만 시와 산하기관에서 일어나는 인권침해 상담과 조사, 구제는 부서 내 인권보호관의 역할로 두고, 시민들의 인권침해 상담은 인권센터에서 접수받는 것으로 운영하며 서로 긴밀하게 협력하는 것으로 운영체계를 정하게 되었습니다.

시와의 협의 못지않게 중요했던 것은 부산지역 인권단체들의 논의와 참여였습니다. 7월부터 인권센터 설립을 위한 간담회, 8월에 여성, 노동, 사회복지, 장애인, 이주민 등 각 부문에서 활동하는 10개 단체가 참여한 인권센터 설립 시민추진단을 구성해서 인권센터 수탁 신청과정에 힘을 모았습니다. 형식으로는 한 단체가 위탁했지만, 내용은 10개의 단체가 함께 센터를 키워가기로 했습니다. 그리고 경험과 능력을 갖춘 분을 센터장으로 추천했고요. 바람직한 모습이지요.

그리고 가장 중요한 예산을 의회에서 만들어주셔서 지난해 12월 10일 세계인권선언기념일에 인권센터 개소식을 하게 되었습니다. "예산은 우리가 만들어 보겠습니다"라고 크게 힘을 실어주지 않으셨다면 인권센터는 만들어지기 어려웠을 겁니다. 그래서 부산시 인권센터는 시와 의회, 인권위원회와 부산의 인권단체들이 함께 힘을 모아 만든, 민 · 관 거버넌스의 좋은 실천의 상징이라고 생각합니다.

노기섭 인권기본조례 개정으로 부산시 인권위원회에 권고 기능이 생기고 부산시장에게 제1호 권고로 '형제복지원

사건 피해자들의 명예회복과 지원 강화'라는 정책권고를 하셨습니다. 그 배경과 현재 경과에 대해서 설명 부탁드립니다.

정귀순 형제복지원 사건은 1960년 형제육아원에서 시작한 형제복지원이 정부의 사회통제에 입각한 부랑인 정책에 편승하여 불법적인 수용과 감금 등 인권침해 행위를 저지르던 중에, 1975년 부산시와 체결한 부랑인일시보호위탁계약과 같은 해 12월 부랑인의 신고와 단속, 수용, 보호 등을 담은 지침인 내무부 훈령 410호에 근거하여 국가와 부산시의 직·간접적인 개입을 배경으로 더욱 본격적으로 거리 등에서 무고한 시민을 강제 납치·수용하여 이들에 대하여 강제노역과 폭행, 가혹행위 등 각종 인권유린행위를 행하여, 1987년까지 공식 확인된 사망자만 513명에 달하고, 일부 시신은 의료실습 해부용으로 팔려나간 의혹까지 받고 있는 사건으로서 '한국판 홀로코스트'라 불릴 만큼 우리나라 역사상 가장 참담한 인권유린 사건입

니다. 부산광역시에서 일어난 부산의 아픈 역사 중 하나이기도 합니다.

2018년 9월 16일, '부산 형제복지원 피해생존자 · 실종자 · 유가족 모임'에서 부산시에 흩어져 있는 형제복지원사건 자료들을 모두 찾아달라는 것을 포함한 11가지 요구사항을 부산광역시에 전달하였고, 같은 날 오거돈 전 부산시장은 형제복지원 사건이 세상에 알려진 지 31년 만에 처음으로 "형제복지원에 대한 관리 · 감독 책임을 소홀히 하여 시민 인권을 보호하지 못한 책임이 있다"고 공식 사과한 바 있습니다. 이어 2019년 4월 부산시의회는 〈부산광역시 형제복지원 사건 피해자 명예회복 및 지원에 관한 조례〉를 제정하여 '형제복지원 사건의 진상규명을 위한 기반을 조성하고 피해자의 명예회복 및 지원을 위한 시책을 적극적으로 추진' 의지를 밝힌 바 있습니다. 2018년 12월 형제복지원 사건 피해신고센터 운영을 시작으로 2020년 1월 30일 동구 초량동으로 이전해 〈형제복지원 사건 피해자 종합지원센터〉를 운영 중에 있습니다.

부산시장의 공식사과, 피해자 명예회복과 지원에 관한 조례제정, 종합지원센터 개소를 통해 외형적으로는 명예회복, 진상규명, 지원을 위한 많은 일이 추진 중인 것으로 보였으나, 2021년 2월 부산시 인권위원회에 형제복지원 피해자들이 피해 사실 입증을 위한 자료 확인, 일상생활 유지 및 복귀를 위한 지원이 제대로 이루어지고 있지 못함을 호소해왔습니다. 그래서 지난해 5월 두 차례에 걸친 피해자 간담회, 피해자종합지원센터 현장 방문을 통해 2019년 조례제정과 부산시장의 공식사과에서 밝혔던 '형제복지원 사건의 진상규명을 위한 기반을 조성하고 피해자의 명예회복 및 지원을 위한 시책을 적극적으로 추진한다'라는 책무가 제대로 시행되고 있지 않음을 확인하게 되었습니다. 특히 피해자 및 유가족 확인, 자료 발굴, 진상규명을 위한 전문상담과 조사업무, 지원사업과 심리상담 등 전문적이고 종합적인 업무를 담당해야 할 피해자종합지원센터는 겨우 2명의 채용직 직원으로 운영되고 있어 전문성이 떨어짐은 물론이고 원활한 지원을 기대하기 어렵다는 점이 명확했습니다.

부산시에서 중앙정부만 바라보지 말고, 국가 차원의 공식 사과를 이끌어내도록 노력할 것과 「형제복지원사건 피해자종합지원센터 설치 및 운영 조례」를 조속히 제정하여 〈형제복지원사건 피해자종합지원센터〉 운영을 강화할 것을 권고에 담았습니다. 사실 형제복지원 사건은 당시 이 일을 묵인한 시민 모두의 책임이기도 합니다. 한 사람, 한 사람의 삶을 들어보면 가슴이 먹먹해지기도 합니다.

권고 이후 〈형제복지원사건 피해자종합지원센터〉는 기간제로 일하던 2분이 정규직으로 전환되어 조금 안정적이게 되었고, 형제복지원피해자 조사를 진행하고 있는 〈진실 · 화해를위한과거사정리위원회〉를 좀 더 지원하고 있다고 합니다. 큰 진전은 없어 많이 아쉽습니다. 진화위 조사결과에 따라 피해자로 인정되기 전에도 부산시에서 할 수 있는 지원을 해주었으면 좋겠는데 진화위 결과를 기다리라는 것이 안타깝고, 진화위 조사가 더딘 것도 많이 안타깝습니다. 새해에 진화위와는 간담회를 가질 예정입니다.

노기섭 권고 이행에 대한 모니터링을 비롯해 부산시 인권위원회의 역할이 더욱 중요해지는 것 같습니다. 추가 권고에 대한 계획이 있다면 소개해주시고, 인권위원회의 기능 강화를 위한 과제가 남아 있다면 말씀 부탁드립니다.

정귀순 2호 권고로 부산지역 홈리스 인권개선을 준비하고 있습니다. 부산광역시는 코로나19 재난상황의 장기화, 빈곤과 실업률 악화 등으로 홈리스를 비롯한 주거취

약계층의 생존권이 크게 위협받고 있습니다. 특히 홈리스의 경우 주거, 의료, 급식, 노동 등 인간으로서 지켜져야 할 최소한의 기본적 인권들이 '코로나 방역 및 지원정책'에서 대부분 배제되고 있을 뿐 아니라 겨울철에는 생존권 위협이 더 높아지고 있어 일시보호시설 설치와 무료급식 등의 구체적인 사항과 인권상황에 관한 실태조사가 필요합니다. 정책권고를 좀 더 많이 하고 싶습니다만 하나의 사안에 대해서도 제기된 문제의 현장을 점검하고 당사자의 의견 및 담당 부서의 업무와 의견 확인, 이후 권고안 작성까지, 생각보다 과정이 많이 필요합니다. 비상임 인권위원들로서는 한계가 많습니다. 현재로썬 하나씩 하나씩 권고를 통해 구체적인 개선이 이끌어내는 데 집중하려고 합니다.

가장 바람직한 모습은 인권위원회가 합의제행정기구로 자리를 잡고 인권부서가 실무부서가 되면 좋겠습니다. 장기 비전입니다. 동시에 일은 사람이 하는 것이라, 누가 인권위원이 되는가도 중요합니다. 위원선임을 부서에서 임의로 하기보다 경험과 능력을 갖추고 역할을 잘해나갈 인권위원을 선임하기 위한 투명하고 공개된 절차도 갖추어지는 것이 필요합니다. 인권위원 추천위원회 혹은 선임위원회가 구성되면 좋겠지요. 제 임기 끝나기 전에 이 절차는 추진해보려고 합니다.

노기섭 부산광역시 인권기본 조례 개정과 부산광역시 형제복지원 사건 피해자 명예회복 및 지원에 관한 조례제정 등 입법 활동과 연구용역, 토론회 등 시의회와 함께 만들어낸 변화도 있습니다. 8대 시의회에 대해서 평가 한말씀 부탁드립니다.

정귀순 한마디로 표현하면 '좋은 파트너'입니다. 현장의 목소리와 과제를 잘 정리해 전달하면, 진지하게 경청하고 할 수 있는 역할을 적극적으로 찾아나가는 팀플레이가 가능했다고 생각합니다. 인권위원회뿐 아니라 〈부산인권정책포럼〉에서도 분기에 1회 부산의 인권현안과 과제를 꾸준히 발굴해 시와 의회에 제안해왔고 늘 충분하지는 않았지만 작은 진전과 성과들도 있었습니다. 무엇보다 함께 공부하고, 경청하고 실천하고자

하는 노력이 돋보였던 것 같습니다. 과거와 완전히 다른 시의회 구성 덕분에 인권위원회도 든든했고, 개인적으로는 시민단체에서의 문제 제기의 수준을 넘어 구체적인 대안을 만들어나가는 배움도 많았습니다.

노기섭 부산시가 민선 7기에 들어서서야 인권과 노동을 전담하는 부서를 만든 만큼 앞으로 많은 노력이 필요하다고 생각합니다. 끝으로 하시고 싶은 말씀이 있으시다면 부탁드립니다.

정귀순 인권은 정치와 행정에서 블루오션입니다. 인권정책기본법안이 1월 30일 국회에 제출되어 곧 제정될 예정이고, 지자체의 인권보호기능 강화, 국제인권기구 권고 이행, 기업의 인권존중책임 등을 주요 내용으로 담고 있습니다. 대부분이 그동안 인권위원회에서 많은 노력을 기울였던 것들로 결과적으로는 부산시가 법 제정 전에 앞서가고 있는 셈입니다. 멈추지 말고 한 걸음씩 더 나아가는 것이 중요한 때입니다.

저는 부산이 한국의 인권 중심도시, 아시아의 대표적인 인권도시로 자부심을 가질 만한 도시가 되기를 바랍니다. UN 등 국제기구와 연계하여 부산의 대학에서 국제적인 수준의 인권의 이론을 형성하고, 관광객 유치나 편리함을 높이는 수준이 아니라, 국적과 인종, 성별, 문화적 다양성이 존중되는 글로벌 도시로서의 정체성을 만들어나가는 것이지요. 그럼 자연스럽게 사람과 산업과 문화가 따라오리라 생각합니다. '우리는 어떤 도시에 살고 싶은가? 부산을 어떻게 바꾸어가고 싶은가?'라는 질문에 부문별, 세대별로 모든 시민들의 꿈과 기대가 풍성하게 담긴 정책과 과제들이 준비되면 좋겠습니다.

PART 3

시민의 삶을 위한 정책

부산광역시 인권센터 설립

부산시민의 인권을 증진시키기 위해 곳곳에서 활동하는 사람들이 있습니다. 때로는 자신의 권리를 희생시키면서도 타인의 인권을 보호하기 위해 힘쓰는 이들도 있습니다. 하지만 부산시의 행정은 인권 현장의 노력에 한참 미치지 못하는 수준이었습니다. 2012년 2월 제정된 부산광역시 인권 기본 조례가 대표적이었습니다. 인권은 가장 기본적인 것임에도 불구하고 역설적이게도 가장 등한시되는 분야이기도 합니다. 그러나 위기가 곧 기회라는 말처럼 인권 현장의 활동가들과 제가 위원으로 참여하는 부산시 인권위원회의 노력으로 변화를 이루어낼 수 있었습니다.

2019년 12월 18일 발족한 부산인권정책포럼은 부산지역의 인권 의제를 발굴하고 대안을 제시하는 일에 앞장섰습니다. 부산인권정책포럼은 부산의 인권현안에 대한 의견수렴, 정책제안, 네트워크 형성 등의 역할을 함으로써 부산의 인권

정책 발전에 기여하기 위해 개인, 시민단체 등이 함께 활동하는 포럼입니다. 포럼에서는 특히 부산시의 인권 행정 체계를 수립하기 위한 다양한 논의들을 해왔고, 2020년 9월에 발표된 부산광역시 제2차 인권정책 기본계획 수립에 역할을 하기도 했습니다. 부산시 인권위원회 역시도 민 · 관 협력을 이끌어오며, 기본계획이 지역 중심으로 수립될 수 있도록 큰 역할을 해주셨습니다. 이러한 노력의 결과, 부산의 인권 행정 체계 구축을 위해 부산광역시 인권센터 설립이 부산의 주요과제로 대두되었습니다.

시민을 대표하는 시의원이자, 부산에 살고 있는 시민으로서 저 역시도 인권 보호와 증진을 위한 고민에서 자유로울 수 없었습니다. 해야 하는 일이라면 할 수 있도록 저의 역할을 다하고 싶었습니다. 그래서 부산광역시 인권 기본 조례를 개정하여 인권 정책의 수준을 높이는 일에 힘쓰고자 했습니다.

"실질적이고 효율적인 인권플랫폼 구축을 위하여 인권위원회의 기능을 강화하고, 인권센터 설립의 당위성을 부여하여 시민의 인권 보장과 증진에 기여하고자 본 조례를 개정하고자 합니다."

- 2021년 06월 21일, 제297회 부산광역시의회 정례회

제3차 기획재경위원회 제안설명 中

인권센터가 제 기능과 역할을 다할 수 있도록
때론 날카롭게 지적하고, 필요할 땐 충분하게 지원하고,
힘겹게 수립한 인권정책 기본계획의 이행과 정책의
강화를 위해 끊임없이 노력해야 된다는 채찍질을
스스로에게 하게 됩니다.

기존의 부산광역시 인권 기본 조례에는 부산광역시 인권센터 설립에 대한 조항이 있기는 하였으나 임의 규정이었고, 거의 10년에 가까이 지지부진한 시간을 보내오면서 인권센터가 설치되지 못하는 근원이 되기도 했습니다. 대부분의 도시가 인권센터를 이미 설치해서 활동하고 있는 것에 반해 제2의 수도라는 부산은 인권센터조차 만들지 못했다는 현실이 안타까웠습니다. 그래서 개정하는 조례에는 인권센터 설치 규정을 임의규정에서 강행규정으로 개정하였습니다.

뿐만 아니라 인권 행정 체계를 구축한다는 의미에서 부산광역시 인권위원회의 기능을 강화하기 위해 노력했습니다. 그 결과 정책 등의 개선을 부산시장에게 권고할 수 있는 기능이 추가되었습니다. 껍데기만 있었던 부산시의 인권정책과 행정이 이제 시민을 위해 무언가 시도해볼 수 있도록 된 것입니다. 그런데 이러한 변화가 조례가 만들어진 지 근 10년 만에 이루어졌다는 것이 참으로 안타깝기만 합니다. 그래도 그 역할에 제가 함께할 수 있었다는 것은 저의 의정활동에서 영광스러운 순간이 아닐 수 없습니다.

조례가 개정되고 두 달여가 지난 8월 31일, 부산광역시 인권위원회는 제1호 권고안으로 형제원 피해자의 명예 회복과 지원 체계 강화를 부산시장에게 제출했습니다. 8대 부산광역시의회가 제정한 부산광역시 형제복지원 사건 피해자 명예 회복 및 지원에 관한 조례를 기반하여 부산시장이 해야 할

2021년 06월 21일, 제297회 부산광역시의회 정례회 제3차 기획재경위원회

O 노기섭 위원

민생노동정책관님, 12월 10일이 무슨 날인지 아시죠?

O 민생노동정책관

12월 10일?

O 노기섭 위원

세계인권의 날입니다.

O 민생노동정책관

예.

O 노기섭 위원

인권선언문 제1조 아십니까? 제가 한번 읽어드릴게요. 모든 인간은 태어날 때부터 자유롭고 존엄성과 권리에 있어서 평등하다. 헌법 제10조는 모든 국민은 인간으로서의 존엄과 가치를 가지며 행복을 추구할 권리를 가진다. 우리 민생노동정책관님이 보실 때 인권의 측면에서 볼 때 부산이란 도시는 인권지수가 어느 정도 된다고 보십니까?

○ 민생노동정책관

인권 측면에서 보면 지표로 할 수 있는 그런 부분들, 시민들 인식이라든지 제도적인 뒷받침이라든지 여러 가지 측면에서 중간 이상이라고는 제가 말씀을 못 드리겠습니다.

○ 노기섭 위원

그렇죠. 이때까지 우리 부산 도시에서 볼 때 특히 낙후된 측면들이 인권, 그다음에 노동 이런 측면에서 볼 때는 사실은 그에 대한 사회적 약자에 대한 부분들은 정말 취약한 부분이 우리 부산이란 도시였어요. 지금 대도시 중에서 인권센터가 없는 데는 없습니다. 인권센터가 만들어진다 해 가지고 그 도시의 인권이, 인권의 지수가 올라가는 건 아닐 거예요. 하지만 그걸 통해서 인권에 대한 교육과 홍보를 통해서 인권지수가 올라갈 수 있는 계기를 마련, 충분한 겁니다. 그렇기 때문에 필요로 한 거고. 인권센터하고 인권위원회의 역할은 정말 다른 거예요. 그죠? 혼동해서는 안 됩니다. 그렇기 때문에 사실 저희들은 지금도 늦었다고 보고 있습니다.

이때까지 저희들이 인권센터를 계속 시에서도 만들려고 했지만 인권센터를 어디에 둘 것이냐의 문제, 시에, 우리 집행부 내에 둘 것인지 아니면 밖에 민간위탁을 줄 것인지 이 논쟁 가지고 장·단점 때문에 어떤 게 더 부산을 위해서 좋은, 인권을 위해서 좋은 방안인지 논의하다가 많이 시간을 허비한 거죠. 저는 그 시간들 충분히 우리가 더 좋은 인권도시 부산을 만들기 위한 과정이었다고 보여집니다.

그렇기 때문에 저희들은 지금도 늦었지만 그 과정을 통해서 더 잘 만들어지리라 보고 그런 측면에서 인권센터를 어떻게 만들어 앞으로 할 것이냐에 대해서 많은 논의를 해야 되고 그 어떠한 내용들, 소프트웨어적인 측면을 가져갈 것인지에 대한 부분들 논의를 해야 된다 보여집니다. 그 과정의 시작이 저는 인권센터라 보여지고 늦었지만, 상당히 늦었지만 지금도 첫 단추가 꿰어지는 데 대해 저는 대단히 만족해하고 있는 것 같습니다. 하고 있습니다. 시에서도 적극적으로 관심을 가지시고 만들어주시기를 바라겠습니다.

이번 조례에서 가장 논쟁이 되었던 부분들은 사실은 조례의 개정 내용에서 인권센터를 설치할 수 있다는 내용을 인권센터 설치해야 한다 강행 규정으로 바뀌었습니다. 이 규정 개정 없이, 조례 개정 없어도 인권센터는 만들 수가 있는 거였죠.

역할들 그리고 진상규명을 위해, 살아남을 피해자들을 위해 필요한 과제들을 다시 한번 세상에 알리게 된 것입니다. 조례 개정이 없었더라면 권고조차 할 수 없는 상황이었겠지만 개정된 조례로 인해 부산시장의 인권 행정을 촉구할 수 있게 되었다는 것을 알리는 신호탄 같은 순간이기도 했습니다.

부산시 인권위원회는 제2호, 제3호 권고를 위해서도 고민하고 있습니다. 이를 통해 부산시의 인권 정책이 향상될 수 있도록 앞으로도 함께하겠습니다.

2021년 12월에는 그동안 지지부진했던 부산광역시 인권센터가 드디어 개소했습니다. 감사하고 또 다행인 일이지만 민간위탁이라는 구조가 혹시나 부산시의 책임성을 옅게 만들지는 않을지, 그 기대와 역할을 수행할 수 있을지 다양한 걱정들이 따르는 것도 사실입니다. 이러한 부분들 때문에 지금까지 일궈온 의정활동에 만족할 수 없습니다. 인권센터가 제 기능과 역할을 다할 수 있도록 때론 날카롭게 지적하고, 필요할 땐 충분하게 지원하고, 힘겹게 수립한 인권정책 기본계획의 이행과 정책의 강화를 위해 끊임없이 노력해야 된다는 채찍질을 스스로에게 하게 됩니다. 어려운 길이라도 기꺼이 걸어가 보고 싶습니다. 어제보다 오늘 더 시민의 인권이 증진될 수 있도록 쓰임받고 싶습니다.

〔2021-08-31 부산일보〕 부산시 인권위 1호 정책 권고 "형제복지원 피해자 지원 강화"

부산시 인권위원회가 '형제복지원 피해자의 명예 회복과 지원 체계를 강화하라'고 박형준 부산시장에게 권고했다. 출범 8년 만에 내놓은 첫 번째 정책 권고다.

지난 6월 진실·화해를위한과거사정리위원회도 형제복지원 사건에 대한 진상 규명 조사에 착수한 데 이어, 부산시 차원의 형제복지원 사건 조사와 피해자 지원 확대 또한 이루어질 전망이다.

부산시 인권위원회(이하 시 인권위)는 "부산의 대표 인권유린 사건인 형제복지원 사건의 피해자에 대한 명예 회복과 지원 체계를 강화하는 내용의 개선 방안을 박 시장에게 권고했다"고 31일 밝혔다. 인권위는 이날 오전 10시 부산시의회에서 기자회견을 열고 해당 내용을 공개했다.

시 인권위는 2013년 출범했지만 행정부시장이 위원장을 맡고 1년에 한 차례만 회의를 여는 등 형식적인 운영에 그쳤다는 비판을 받았다. 하지만 2019년부터 위원회 구성과 활동이 민간 위원 주도로 개편됐고, 지난달에는 '부산시 인권 기본조례'가 개정되면서 시 인권위가 직접 정책권고를 할 수 있게 됐다. 시 인권위는 가장 먼저 형제복지원 피해자 지원 확대를 권고 대상으로 선택했다.

시 인권위가 형제복지원 피해자 지원 강화를 위해 부산시에 제시한 개선 사항은 4가지다. 국가 차원의 공식 사과를 이끌어 내도록 노력할 것, '형제복지원 사건 자료관'과 '국가폭력 피해자 트라우마센터' 설립 추진, '형제복지원 피해자 종합지원센터' 운영 강화 등이다.

이중 특히 형제복지원 종합지원센터 운영 강화에 대해서는 △관련 조례 제정 △국비 유치를 통한 전담인력 증원 △진상규명을 위한 전문팀 구성 △지원사업팀 구성 △심리상담 전문인력 채용 △민간자원연계 모색 △피해자 집단 상담 공간 확보 등 총 7가지 구체적인 권고 사항을 제시했다.

시 인권위 정귀순 위원장은 "부산시는 형제복지원 피해자 명예 회복과 지원을 위해 조례를 제정하고 지원센터를 개소했지만, 실제로는 피해자를 위한 지원이 제대로 이루어지지 않는 사실을 확인했다"면서 "부산시는 지역에서 발생한 최대 인권 침해 사건에 대한 피해 지원 체계를 적극적으로 강화해야 한다"고 권고 배경을 설명했다.

앞서 2018년 9월 '부산 형제복지원 피해생존자·실종자·유가족 모임'은 부산에 흩어진 형제복지원 사건 자료를 모두 찾아달라는 등 11가지 요구사항을 부산시에 전달했다. 이에 2019년 4월 '부산시 형제복지원 사건 피해자 명예회복 및 지원에 관한 조례'가 제정됐고, 지난해 1월에는 부산 동구 초량동에 '형제복지원 사건 피해자 종합지원센터'를 개소했다. 하지만 피해자 전문 상담과 진상규명 조사 업무 등 업무를 수행할 인력이 채용직 직원 2명에 불과해 전문성이 떨어진다는 지적이 잇따랐다.

국가기관 차원에서 형제복지원 사건에 대한 진상 규명과 피해자 지원에 나선 건 이번이 처음이 아니다. 지난 6월에는 진실·화해를위한과거사정리위원회(이하 진화위) 2기 정근식 위원장이 직접 형제복지원 피해자종합지원센터를 찾아 피해자와 만났다. 진화위는 반민주적, 반인권적 행위로 인한 인권 유린 사건 등을 조사해 왜곡되거나 은폐된 진실을 밝히는 독립적인 국가기관으로, 형제복지원 사건을 '1호 사건'으로 접수해 현재 조사를 진행하고 있다.

부산 형제복지원 피해생존자·실종자·유가족 모임 한종선 대표는 "진화위 조사 착수에 이어, 시 인권위가 형제복지원 피해자에게 필요한 부분을 부산시에 권고한 것에 대해 의미 있게 본다"고 평가했다.

이상배 기자 sangbae@busan.com

부산광역시산하공공기관장후보자 인사검증특별위원회

부산의 정치 지형이 완전히 뒤바뀌었던 2018년 지방선거 결과에는 민선 7기 부산시와 제8대 부산광역시의회에 대한 시민들의 기대와 염원이 막중하게 담겨 있다고 생각합니다. 시의원이 된 저는 의정활동을 노동존중 부산을 만드는 일에 집중하고자 했고 이를 위해 쓰임받을 수 있는 자리라면 마다하지 않으며 활동해왔습니다.

2018년 8월 29일에 부산광역시의회는 역사상 최초로 공공기관장 인사청문회를 도입하게 되었습니다. 그 배경에는 부산시와 「부산광역시 상하 공공기관장 인사검증 도입 업무협약」을 체결한 것이 있었습니다. 부산광역시의회는 9월 12일, 부산광역시 산하 공공기관장 인사검증 특별위원회를 구성하게 되었습니다. 저는 전반기와 후반기의 인사검증 특별위원으로 참여하여 공공기관의 공공성 강화와 노동존중의 가치를 엄중히 묻고 점검하는 일에 최선을 다해왔습니다.

단순히 협약을 체결했다, 위원회를 구성했다는 것만으로는 변화를 꿈꾸는 부산시민들의 기대에 부응할 수 없다고 감히 생각했습니다. 그래서 위원으로 더욱 철저하게 그리고 냉철하게 묻고 따졌습니다. 공공기관은 시민들의 삶의 수준을 높이는 사회적 책임이 있습니다. 또한 부산의 청년들에게 양질의 일자리가 될 수 있는 곳이기도 합니다. 그렇기에 공공기관이 개인이나 특정 집단의 이익을 추구하는 등 사유화를 하지 못하도록, 수익성을 높이기 위해 노동자들의 삶을 짓밟는 일을 하지 못하도록 때론 날카롭게 검증했습니다.

정부의 비정규직 제로 선언, 부산시의 노동존중 정책 등 겉으로 좋은 정책들이 진행되고 있지만 실상 가이드라인에 맞게 잘 시행이 되고 있는지, 공공기관의 장이 되려는 사람이 이에 대한 가치는 어떻게 여기고 있는지, 준비는 어떻게 하고 있는지 꼭 물어보았습니다.

전반기 인사특위 위원으로 활동하면서 부산교통공사, 부산도시공사 부산시설공단의 사장 후보자들에게 묻고 그 의지를 확인했습니다. 그러던 중 당시 부산교통공사의 정경진 사장 후보자가 엘시티로부터 선물수수를 받은 것이 드러나 '부적격' 의견을 부산시장에게 전달하기도 했습니다. 부산시장과 부산광역시의회가 같은 색깔이라서 견제의 기능이 열어진 것 아니냐는 지적에 정면으로 반박할 수 있는 따끔한

부산시 산하 공공기관장 후보자 인사검증 특위 노조간담회

"제일 중요하게 생각한 부분은 뭐냐 하면 1인 승무원 제도에 문제가 있는 겁니다. (…) 안전이라는 측면에서 2인 승무원제도에 대해서 다시 한 번 더 저는 고민해 봐야 되지 않을까 저는 생각하고 있습니다."

2018년 10월 29일, 제273회 부산광역시의회 임시회 폐회중 제3차부산광역시산하공공기관장후보자 인사검증특별위원회(제1소위원회) 中

○ 노기섭 위원

비정규직 인력 관련 문제인데 들여다보니까, 자료를 주셨어요. 보니까 기간제근로자 101명 중 34명은 정부 가이드라인에 따라 정규직 전환 완료를 하였고 용역근로자 640명은 정부 가이드라인에 따라 정규직 전환 추진 예정이, 2018년도 내에 다 한다는 건가요? 완료하겠다는 거죠, 이거는?

○ 부산시설공단 이사장 후보자

아니요. 해당되는…

○ 노기섭 위원

추진, 전환 추진 예정…

○ 부산시설공단 이사장 후보자

예, 640명 중에서 지금…

○ 노기섭 위원

거기서 해당사항 없으신 분, 나이가 많으신 분들은 빼고는 다 하신다는…

○ 부산시설공단 이사장 후보자

예, 130명 정도 대상이 됩니다.

○ 노기섭 위원

예, 하신다는 얘기고, 거기에 보면 제가 정규직 전환 심의위원회하고 아까 협의회 회의자료를 좀 달라고 한 거 같은데 그 자료도 없고 그냥 개최 결과만 이렇게 통보하고 있어요. 주셨는데 그거 다시 한 번 더 부탁드리고요. 그런데 저희들이 볼 때 전환 심의위원회 구성에서도 보면 공단이 3명, 노조가 1명, 외부에 4명 이렇게 해 가지고 돼 있는데 전환 심의위원회를 보면 보통 외부를 더 많이 두라고 얘기를 하고 있습니다.

○ 부산시설공단 이사장 후보자

예.

○ 노기섭 위원

예, 그거 참조 좀 해주시면, 혹시 내정이 되시면, 그런데 여기도 보면 1차의 자료를 보니까 근무성적평가 결과 평균점 70점 이상인 자 중 업무 중요도 등 감안하여 전환 결정한다 해 가지고 이렇게 했는데 제가 그래서 공공부문 비정규직 근로자 정규직 전환 가이드라인을 아무리 뒤져봐도 근무성적평가 결과를 넣어가지고 반영하라는 건 없어요. 이 부분이 왜 빠져 있냐니까 이유는 단순합니다. 평가점수를 주는 것은 위의 고위직 간부들이 주는 거기 때문에 그 점수에 따라 가지고 달라질 수 있기 때문에 요 점수 빼라는 얘기예요, 그런 거는. 그냥 노조와, 각 프로그램, 물품 관리라든지 각 있는 분들을 대표해서 오셔 가지고 그분들 통해서 노사가 같이 합의해 가지고 대표성을 가지고 심사숙고 해 가지고 결정을 전환하라는 얘기예요. 그러기 때문에 향후에는 좀 그렇게 말고 만약 되신다면 그렇게 하지 마시고 점수를 평가하지 마시고 충분한 심사를 가져 가지고 좀 진행을 했으면 좋겠다는 생각을 가지고 있습니다.

순간이기도 했습니다.

또한, 부산교통공사는 청소용역노동자들의 투쟁이 이어지고 있었던 터라 더욱 무게감 있게 다루고자 노력했습니다. 지하철 하면 빠질 수 없는 시민의 안전에 관한 문제에 대해서도 엄격하고자 했으며, 노동자의 안전이 시민의 안전을 보장할 수 있다는 마음으로 보다 본질적인 문제를 드러내기 위한 질의를 시도했습니다.

"제일 중요하게 생각한 부분은 뭐냐 하면 1인 승무원 제도에 문제가 있는 겁니다, 사실은. 앞에도 말씀드렸지만 구내입환 용역이라는 부분도 그 내에서 혼자서 작업을 하다 보니까 꼭 거기서 판단에 대한 실수 그다음에 거기에 대한 개인적인 피로감은 있었겠지만 그런 실수가 제가 볼 때에는 그 내에서의 문제이겠지만 만약에 바깥이었다면 제가 볼 때에는 수천 명의 우리 시민의 생명을 다루는 직업인데 거기에 대해서는 제가 볼 때에는 안전이라는 측면에서 2인 승무원제도에 대해서 다시 한번 더 고민해봐야 되지 않을까 저는 생각하고 있습니다. 특히 우리가 부산교통공사가 처음에 지적하였다시피 4,000명 정도의 고급 인력들을, 젊은 인력들을 채용하고 있는 최대의 공기업입니다. 그 자체만으로도 부산이 가지고 있는 젊은이들이 밖으로 나가지 않는 그에 대한 매력이 있기 때문에 그런 부분에서 신규, 고용 창출이라는 부분에서 다시 한

번 더 고민해주시기를 바라겠습니다."

-2019년 01월 14일, 제274회 부산광역시의회 정례회 폐회중 제5차 부산광역시산하 공공기관장후보자인사검증특별위원회(제1소위원회) 中

전반기 인사특위를 마치고 난 뒤 후반기에도 인사특위 위원으로 활동할 수 있었습니다. 그 사이 부산시는 보궐선거로 부산시장이 교체되었고 교체된 시장의 공공기관장 임명이 진행되었습니다. 공공기관장 임명에 앞서 부산시는 2018년 8월 29일 부산시의회와 합의한 부산시 산하 공공기관장 후보자 인사검증회 도입 업무협약의 대상 범위를 확대하기로 결정하였고, 그 결과 협약식을 2021년 10월 29일 개최하게 되었습니다.

이러한 과정은 부산시장이 교체되고 난 이후에도 부산시의회와의 협치 기조를 유지하고, 인사청문회를 도입한 취지를 부산시가 이어가겠다는 모습으로 보이기도 했습니다. 하지만 결과적으로 부산시가 새로 체결한 협약은 대상 기관의 확대(부산연구원, 부산경제진흥원, 부산신용보증재단 추가 총 9개 기관)만 남기고 말았습니다. 부산시는 인사청문회를 도입했던 취지에 반하는, 그야말로 협치가 무너지는 문제를 발생시켰습니다.

부산시는 부산교통공사 사장 후보자를 뽑기 위해 헤드헌팅 회사에 무려 2천만 원이라는 세금을 사용했다는 사실이

드러나기도 했습니다. 안타깝게도 단순히 부산시가 세금을 낭비했다라는 지적으로만 그치기엔 그 추천받은 후보자의 이력에는 심각한 문제가 있었습니다.

〈2021년 10월 29일 부산광역시 보도자료〉

- 부산시-부산시의회, '공공기관장 인사검증회 도입 확대 업무 협약식' 개최 -

부산시 산하 공공기관장 인사검증 대상기관 확대… 기존 6개에서 9개로

> 부산시(시장 박형준)와 부산시의회(의장 신상해)가 시 산하기관의 경영 투명성을 높이고 공공서비스의 질 향상을 위해 공공기관장 인사검증 대상기관을 확대하기로 합의하고, 박형준 시장과 신상해 시의장이 참석한 가운데 10월 29일 오후 3시 시의회 중회의실(2층)에서 「부산광역시 산하 공공기관장 인사검증회 도입 확대 업무 협약식」을 가진다고 밝혔다.
> 이번 협약은 2018년 8월 29일 부산시와 부산시의회가 합의한 부산광역시 산하 공공기관장 후보자 인사검증회 도입 업무협약에 기초한 것으로, 최초 협

약 당시 6개 공사·공단(부산교통공사, 부산도시공사, 부산관광공사, 부산시설공단, 부산환경공단, 부산지방공사 스포원)이었던 공공기관장 후보자 인사검증 대상기관을 부산연구원, 부산신용보증재단, 부산경제진흥원을 포함하여 총 9개 기관으로 확대하는 것을 주요 내용으로 하며, 향후 진행될 공공기관장 임명에 적용된다.

협약에 따르면, 시장은 공공기관장 임용절차에 따라 선임된 최종 후보자의 인사검증을 시의회에 요청하며, 시의회는 인사검증 특별위원회를 구성, 10일 이내에 후보자의 경영능력, 직무수행 능력, 도덕성 등을 검증하여 후보자에 대한 최종 의견을 시장에게 통보하여야 한다.

부산시의회는 2018년 인사검증 제도 도입 이후 현재까지 8차례의 인사 검증을 진행하여, 2명의 후보자에게 부적격 의견을 제시하는 등 공공기관장 후보자들의 직무수행능력과 도덕성을 면밀하게 검증하여 적임자가 임명될 수 있도록 노력해왔다.

(하략)

부산시 산하 공공기관장 후보자 인사검증 특위 기자회견

사회의 변화가 점점 빨라지는 만큼, 시민들의
인식과 정치에 대한 관심도 높아지고 있습니다.
우리는 법과 제도보다 민심이라는 더 큰 기준 앞에서
활동해야하는 사람들이라고 생각합니다.

2021년 11월 02일, 제300회 부산광역시의회 정례회 폐회중 제4차 부산광역시산하공공기관장후보자인사검증특별위원회(후반기)

○ 노기섭 위원

이 부분 저희들이 시에서 한번 시하고 저희들이 따져 볼 문제인 것 같습니다. 그러면 먼저 2016년 파업 관련해서 간단하게 질문을 드릴게요. 2016년 철도노조가 파업을 벌였을 때 직위가 어떻게 되죠?

○ 부산교통공사 사장 후보자

경영지원본부장입니다.

○ 노기섭 위원

경영지원본부장이었죠. 그때 대량 직위해제와 대량 징계를 주도하는 노사간 갈등의 선봉장 역할을 했는데 맞죠?

○ 부산교통공사 사장 후보자

그거는 일반 회사에 징계나 이런 것은 절차가 다 있기 때문에 제가 다 주도해서 했다라는…

○ 노기섭 위원

그 자리에 있을 때 경영지원본부장이라는 자리에 있었습니다.

○ 부산교통공사 사장 후보자

일차적으로 독립기관…

○ 노기섭 위원

잠시만요. 제가 질문을 드릴게요.

그래서 많은 부분들이 대량 직위해제 되고 대량 징계가 시작되었습니다. 후보자님 지금 한 번쯤은 지금까지 혹시 철도노조하고, 철도노조 조합원들하고 그 가족들에게 진정성 있는 사과를 한번 해 본 적 있습니까?

○ 부산교통공사 사장 후보자

제가 노조원들에게 직접은 아니지만…

○ 노기섭 위원

질문이 그리 어렵지 않으니 간단하게 답하시면 됩니다.

○ 부산교통공사 사장 후보자

그 당시에 집행부하고는…

○ 노기섭 위원

사과를 하셨어요?

○ 부산교통공사 사장 후보자

예, 이 문제에 대해서 사과할 것은 사과했고 그리고 서로 이해할 거는 이해하고…

○ 노기섭 위원

그러면 지금도 다시 한번 이 자리에서 철도 그 당시 철도노조와 조합원들, 그 가족들에게 진심 어린 사과를 하실 용의가 있으십니까?

○ 부산교통공사 사장 후보자

예. 그 부당 노동행위로 판정이 났고 부당해고로 중노위까지, 소송을 제기를 하다가 다 같이 취하를 해서 서로 고소, 고발부터 다 취하를 해서 평화롭게 끝나기는 했습니다마는 어쨌든 중앙노동위원회에서까지 부당해고나 부당노동행위로 물론 제가…

○ 노기섭 위원

아니, 제 질문은 사과를, 진정 어린 사과를 하실 용의가 있냐고 물었습니다.

○ 부산교통공사 사장 후보자

예, 용의 있습니다.

(중략)

○ 노기섭 위원

그 당시에 성과연봉제를 시행한 것은 정부의 정책이었지만 그거를 충실히 수행한 데는 우리 철도에서 성실히 수행한 것은 당시 사장과 경영지원본부장 아니었습니까?

○ 노기섭 위원

이제 제가 마무리 발언 좀 드리겠습니다. 30년 안전 운행이 단 1건의 중과실 대형 사고의 면죄부는 저는 될 수 없다고 보여집니다. 철도나 도시철도와 같은 대중교통수단은 항상 안전해야 되고 후보자께서 도시철도 전문가이시기 때문에 더 잘 아시리라 생각하고 있습니다. 도시철도의 최고경영자라 하면 단 1건의 중과실 대형 사고도 일으키지 않도록 최선을 다해야 합니다. 이것이 시민을 위한 최상의 공공성이라고 저는 생각하고 있습니다. 마찬가지로 공기업의 경영자라면 법과 원칙을 지켜서 모범적인 노사관계를 이끌어야 할 책무가 저는 있다고 보여집니다. 이것이 공공성 확보를 위한 가장 올바른 길이라 저는 생각하고 있습니다. 제가 처음에 질의를 하면서 왜 좋은 것이라 말씀을 드렸는지 아마 충분히 이해하실 겁니다. 2009년부터 있었던 몇 가지 사례들은 제가 논의 거리는 있지만 다시 언급하지는 않겠습니다. 그래서 도시철도의 중과실 대형 사고를 막고 노동자가 존중받는 직장을 만드는 것 그렇게 해서 시민을 위한 공공성을 제대로 발휘하는 부산도시철도가 되기를 진심으로 저는 바라고 있습니다. 부산교통공사 노동조합은 2019년 노사가 합의를 통해 일자리를 창출했고 전국적인 주목도 받았습니다. 그것이 노동계의 최고의 상이라는 전태일 상도 받았습니다, 사실. 부산에서 누구나 인정하는 가장 모범적이고 중추적인 역할을 하는 노동조합입니다, 사실. 2019년 파업 후 지난 2년간 무쟁의로 단체교섭을 합의할 만큼 노사관계도 매우 안정되고 노조 문화도 상당히 저는 성숙되어 있다고 보여집니다. 그런데 오늘부터 노동조합에서는 사장 지명 철회 요구를 하는 농성을 시작했습니다. 저는 후보자의 탓이 아니라고 보여집니다. 부산시가 어떤 의도를 가지고 헤드헌팅 업체까지 동원하고도 노사관계가 안정되어 있는 교통공사, 부산교통공사를 왜 이렇게 분란을 일으키는지 저는 더욱더 의심스럽습니다, 사실. 오늘 후보자의 말씀 잘 들었습니다. 오늘 오랜 시간 수고하신 위원님들과 심사숙고하는 시간을 가지면서 그리고 저희들 충분히 고민해 보도록 하겠습니다. 수고하셨습니다.

부산교통공사 사장 후보자는 2016년 철도파업 당시 대량 징계, 부당해고, 부당노동행위로 박근혜 정부 적폐 세력의 원죄가 있는 인물이고 골프접대를 받아 징계이력까지 있는 인물이었습니다. 저를 비롯한 부산시의회 인사특위 위원들은 이에 대한 질의와 검증을 끊임없이 요구했습니다. 뿐만 아니라 부산도시공사 사장 후보자는 퇴직 후 부동산 업체로부터 4년간 16억에 달하는 고액 연봉을 받고 태극기 집회에 참여했던 인물이었습니다. 심지어는 2017년 경기도의회에서 경기도시공사 사장 후보자였을 때 이러한 사유로 부적격 판정을 받기도 했습니다.

이러한 상황을 부산시의회를 비롯해 부산지역의 노동시민사회단체가 함께 문제제기했고, 부산시의회 인사특위에서는 두 후보자에 대한 '부적격' 의견을 제출하기도 했습니다.

하지만 이러한 지적에도 부산시장은 두 후보자의 임명을 강행하며 정면으로 부산시의회와의 업무협약을 무시하고, 협치를 무너트리는 결과를 초래하였습니다. 벽을 보고 씨름하는 심정이지만 시민을 대변하는 한 명의 의원으로서 할 수 있는 목소리는 최선을 다해서 내어보자고 생각했고 8대 의회에서 사상 처음으로 긴급현안질의를 진행했습니다. 박형준 부산시장에게 강력하게 유감을 표명하고, 왜 부적격한지를 다시 한 번 핏대 높여 외쳤습니다.

부산광역시의회 인사특위 인사검증 종합의견 中

질문회기: 제300회 정례회 제2차 본회의('21.11.22.)

질문의원: 4명(노기섭 의원, 김진홍 의원, 윤지영 의원, 곽동혁 의원)

질문내용: 공공기관장 후보자 인사검증 경과 내용(부적격자) 임용 관련

> 과거 철도공사 재직 시 건설업체 관계자로부터 골프 접대를 받은 사실이 있고, 무리한 민영화 추진에 따른 철도 공공성 후퇴 논란을 일으켰으며, 성과연봉제 일방적 도입으로 촉발된 장기파업에 대응하여 정당하고 단결권 행사임에도 대량징계 처분과 "0원 급여명세서" 등 부당노동행위의 책임있는 담당자로서, 직원규모 4,470여 명의 거대 조직을 추스르며, 향후 우리시의 대중교통의 중추적 기능을 담당해야 하는 도시철도 사업을 역점적으로 추진하고 관리해야 하는 공기업 경졍자로서의 자질과 능력에 많은 우려가 있다고 판단됨.

2021년 11월 22일, 제300회 부산광역시의회 정례회 제2차 본회의 긴급현안질의 中

박형준 시장님! 시의회 2021년 인사검증특별위원회에서는 15개 부적격 사유를 제시하였습니다. 중요한 것만 간략히 요약해 말씀드리면, 도시공사사장의 경우 첫째, 지역현안과 관련된 위원들의 질문에 답변을 제대로 하지 못하였고, '추후 파악하겠다'는 등 지역 전반에 대한 이해도가 너무 떨어졌다는 점. 둘째, 인천도시공사 사장을 그만둔 뒤 직무관련 업체로부터 4년 동안 15억8천만 원을 수령하였음에도 불구하고 법적으로 문제가 없다는 등 시민 정서와 동떨어진 가치관. 셋째, 특정정치단체(태극기) 집회에 참석하여 정치 편향성을 드러낸 점 그리고 그 이유를 묻자 미래에 소설을 쓰기 위해 구상 차원에서 참석했다는 억지주장을 하였습니다.

부산교통공사 사장의 경우에는 첫째, 한국철도공사 재직시 건설업체 관계자로부터 골프접대를 받은 사실. 둘째, 성과연봉제 도입으로 촉발된 정당한 파업에 대응하여 경영기획본부장으로 있으면서 대량 징계를 하였고, 셋째, 0원 급여명세서를 우편으로 가족들에게 보내 씻을 수 없는 아픔을 주면서 파업 참가를 방해하려 하였고, 넷째, 인사검증시 경전철에 대한 기본적인 사실조차 파악 못하고 부산교통공사 만성적인 적자해소 방안을 제대로 제시하지 못하였다는 점이었습니다.

박형준 시장님! 2018년 시의회가 부적격 판단을 내린 두 분보다 이번에 임명하신 교통공사, 도시공사 사장이 박형준 시장님께서 말씀하시는 능력과 자질을 갖춘 우수인재라고 생각하십니까? 제가 보도자료를 한번 읽어드리겠습니다.

"온갖 비리와 부실로 얼룩진 공공기관장 인사 추천, 시민의 의견 묵살한 오만한 시장, 즉각 비리 관련 후보자 사퇴시키고, 시민 앞에 사과하라!! 적폐청산을 외쳐온 시장이 인사추천 과정에서 보여 온 행보야말로 적폐이며 오만한 독선이고, 시의회의 인사검증을 무력화시키고 거수기 역할을 시키겠다는 의미로밖에 비추어지지 않는다며 비판하였다."

혹시 누구의 보도자료인지 아시겠습니까? 최근 사태에 대해 누군가 했던 말이 아닙니다. 바로 2018년 10월, 274회 임시회 5분 자유발언을 하고, 국민의 힘

의원님께서 내셨던 보도자료입니다. '온갖 비리와 부실로 얼룩진 공공기관장 인사추천이고, 시민의 의견을 묵살한 오만한 시장'이라는 2018년 국민의 힘 비판이 2021년 지금의 상황과 딱 맞아 떨어집니다.
도덕적 가치의 빈곤뿐만 아니라 '능력과 자질을 갖춘 우수 인재 영입'을 목적으로 한 "시의회 인사검증을 무력화시키고 거수기 역할을 시키겠다는 의미로밖에 비추어지지 않는다"는 2018년 비판 또한 딱 맞아 떨어지는 상황입니다. '국민의 힘'의 이중 잣대입니다. 내로남불 잣대입니다.

사회의 변화가 점점 빨라지는 만큼, 시민들의 인식과 정치에 대한 관심도 높아지고 있습니다. 우리는 법과 제도보다 민심이라는 더 큰 기준 앞에서 활동해야 하는 사람들이라고 생각합니다. 정치가 시민의 인식보다 뒤처진다는 것은 안타까운 일이 아닐 수가 없습니다. 인사검증회를 시작하고, 민주적이고 투명하게 공공기관장을 검증할 수 있게 된 것은 분명히 환영할 일입니다. 하지만 부적격 판정이 난 후보자를 납득할 수 없는 이유로 임명을 강행하는 것은 분명 민심을 거스르는 일로 역사에 남을 것입니다. 공공기관이 시민들의 삶과 밀접한 업무를 수행하는 만큼 공공기관의 공공성은 단순히 공적 운영주체라는 성격을 넘어 투명성, 민주성을 담보할 수 있도록 변화해야 합니다. 시민들의 목소리와 노동자들의 목소리가 반영되는 울타리가 낮은 지대가 되어야 합니다. 기쁜 일과 슬픈 일이 공존하는 인사검증 위원회 활동이었습니다. 앞으로 저에게 주어진 역할들을 더욱 고민하며 의정활동을 정진해나가겠습니다.

바람직한 청년 정책

"바람직한 청년정책은 청년이 중심이 되는 정책이다."

변함없이 가져온 저의 철학입니다. 누구나 공감할 부분이라고 생각합니다. 하지만 부산의 청년정책은 아직도 그 중심에 '청년'을 두고 있지 않은 것 같습니다. 청년이 부산의 미래임이 틀림없는 만큼 저는 의정활동을 하면서 청년 분야에 대해서도 계속해서 고민해왔습니다.

부산의 청년 인구는 68만 명에 달합니다. 부산시는 2021년 시정성과를 발표했는데, 13대 시정성과 가운데 청년은 포함되지 않았습니다. 무려 825억 원의 국비와 시비를 들여 정책사업을 하고 있는데도 왜 청년정책은 여전히 소외받고 있을까요. 단편적인 예로, 2021년 청년 정책 73개 사업 중에 일자리 창출사업이 21개였습니다. 여기에 449억 원 규모의 예산을 쏟아부었습니다. 68만 명의 청년 중 0.001%도 안 되는 600명의 일자리를 만들기 위해서였습니다. 동시에 정작 청년들에게 필요한 '마음 상담 지원사업'은 행정기관 내 이해관계로 후순위로 밀려나 예산이 삭감된 상태로 의회에 넘어왔습니다. 2022년에 5000만 원 정도 편성된 것이 전부였습니다. '청년 마음 상담 지원사업'을 가지고 정책실험을 한 결과 실험한 지 2일 만에 신청이 마감되는 등 반응이 상당히 높았습니다. 그런데 부산시에서는 예산편성에 소극적이었던 것을 보면서 부산시가 청년정책의 주된 방향을 어디에 두고 있는지 의아해하지 않을 수 없었습니다.

청년정책을 설계할 때는 여러 정책 가운데 '핵심문제', '주요문제', '순차적으로 풀어가야 할 문제' 등 우선순위에 바탕을 두고 나아가야 한다고 생각합니다. 그러나 청년정책의 방향성을 제대로 잡지 못하고 성과지표 위주로 사업을 추진함으로써 예산 투입 대비 효과가 미비하게 나오는 상황이 현실입니다.

박형준 시장이 추진하는 산학협력에 근거가 되는 「부산광역시 대학 및 지역인재 육성지원에 관한 조례」, 「부산광역시 지산학 협력 촉진에 관한 조례」가 있습니다. 하지만 이 두 개의 조례를 근거로 청년문제를 해결할 수 있다고 보기에는 한계가 있습니다.

청년들이 언급하는 청년정책 문제에 대한 해결은 '미래가 아니라 현재' 입니다. 산학협력 강화를 메인으로 청년문제를 해결한다는 관점은 '현재'에 놓인 청년들에게 긍정적인 메시지를 주기 어렵습니다. 뿐만 아니라 청년정책을 근거로 해서 만든 이 두 조례의 기구를 살펴봤을 때 청년이 수혜집단 정도로 해석될 여지가 큽니다. 청년 문제를 취업, 창업에 한정짓고 있는 것은 바로잡아야 할 부분이라고 생각합니다.

2021년 6월에 조직개편이 있었습니다. 산학창업국 신설에 대한 것이었습니다. 부서명에는 핵심인 '청년'이 보이지 않았습니다. 그래서 결국 청년을 맨 앞에 내세워 '청년산학창업국'으로 부서명을 바꾸어 「부산광역시 행정기구 설치 조례 일부 개정 조례안」이 가결되었습니다. 현 시점에서 보면 '대학 〉 인재양성 〉 취업'이라는 경로는 모두에게 통용되지 않습니다. 경로가 다양해졌고, 기존 경로에 대한 의미도 많이 상실되어 가고 있습니다. 그렇기 때문에 부산시 조직개편안은 새로 만들어진 청년정책의 방향성이 과거의 방식으로 회기할 수 있다는 메시지를 주기에 충분했습니다.

따라서 저는 산학, 창업 정책은 기존의 정책 트랙대로 나아가고, 청년정책은 별도의 범주로 나아가면서 필요한 것을 교류하고 연결하며 시너지를 내는 관점이 필요하다고 봅니다. 청년문제를 여전히 기존 정책의 하위 범위에서 해결할 수 있다고 보면 안 됩니다.

바람직한 청년정책은 청년이 중심이 되는 정책이라는 생각은 변함없이 가지고 온 저의 철학입니다. 지역사회에서 청년이 일할 자리가 있고, 청년이 그곳에서 안정적으로 일할 수 있고, 그 대가로 자신의 삶을 영위할 충분한 자원을 확보할 수 있어야 한다는 기본 전제가 실현될 수 있는 부산이 되어야 할 것입니다. 그래서 경험과 경력을 부산이라는 곳에서 어떻게 축적하게 할 것인지, 어떻게 삶을 유지할 자원을 분배할 것인지를 고민할 필요가 있습니다. 지역사회에 대한 신뢰가 많이 깨져 있는 상황에서 청년이 부산에 남아야 하는 것이 아니라 청년이 부산을 선택할 수 있도록 환경을 조성할 필요가 있고, 취업과 창업을 넘어 청년이 부산에서 무언가를 시도한다면 그것 자체를 지지하고 권장하는 사회 분위기와 정책 환경을 만들어야 할 필요가 있습니다.

기존의 '성공'이라는 관점의 틀부터 깨나가야 할 것입니다. 기업과 청년을 매칭해서 일자리를 제공하는 게 아니라 청년이 하고 싶은 프로젝트 그 자체를 지원하는 '1천개 청년 프로젝트'를 통해 1년간 1000명에게 부산에서 다양한 활동을 할 수 있도록 지원해야 합니다. 이와 함께 추적, 모니터링, 기록, 부가지원 등을 할 수 있는 기구를 설치해 시도와 과정 자체를 조명하고 알리는 정책을 추진한다면 어떨까요. 1000개 중에서 단 10개라도 창업이나 창직으로 연결되거나, 그 경험을 통해 청년들이 관련 분야 취업으로 연계된다면 그것 자체로도 성공적일 것입니다.

결국 혁신적이고 다소 파괴적인 정책 실험과 정책지원구조를 만들어내야만 부산에서 청년을 위한 새로운 장을 만들고, 그 결과로 새로운 계기가 만들어질 것입니다.

PART 4

나의 삶 그리고 나의 터전
만덕·덕천

어린 시절

저는 풍천노가 처사공파 노유 26대손입니다. 할아버지 고향은 함양 유림면 학매리 학동마을입니다. 할아버지께서 함양에서 일광 용천리로 터전을 옮기셨고, 그곳이 제가 태어난 곳입니다.

부모님께서는 1남 4녀의 자녀를 두셨습니다. 하지만 아주 어릴 때 바로 위 누님이 어린 나이에 돌아가셨습니다. 두 살 아래 여동생은 제가 초등학교 3학년 때 백혈병으로 가족 곁을 떠났습니다. 그 동생과는 1시간 이상 걸리는 먼 등굣길을 같이 다녔습니다. 여동생은 아직도 제게는 초등학교 2학년으로 40년 동안 남아 있습니다. 여동생은 부산백병원에서 퇴원하던 날 초코파이 한 통을 사서 가지고 왔습니다. 일광 용천리는 그 당시 오지 촌구석이라 과자가 귀한 시골이었습니다. 초코파이는 여동생이 저에게 준 마지막 선물이었습니다. 어느 날 학교에서 돌아오니 여동생은 없었습니다. 영원한 이별.

그래서 아래위로 5살 터울의 1남 2녀로 남았습니다. 초코파이를 보면 군대가 아니라 여동생이 먼저 생각납니다.

여동생이 죽자 부모님은 시골 생활을 정리하고 일광 바닷가에서 잠시 살다가 부산으로 이사를 왔습니다. 당시 일광은 경상남도 기장군 일광면이었습니다. 이삿짐 트럭을 타고 해운대 달맞이 고갯길을 넘어왔습니다. 아직도 트럭을 타고 넘어오던 꾸불꾸불한 달맞이 고갯길이 선명하게 생각납니다.

일광초등학교 4년, 짧은 학기를 보낸 사직초등학교, 연미초등학교 그리고 연제초등학교 반 학기를 다니고 초등학교 졸업을 하였습니다. 제가 졸업한 연제초등학교는 시의회 근처에 있습니다. 연제초등학교 친구들은 지금도 연락하며 지내고 있습니다. 전학할 때마다 신고식처럼 싸움을 하여 전학을 무지 싫어하였습니다.

연제초등학교 6학년 때 부모님은 이혼을 하였습니다. 누나와 저 그리고 여동생은 아버지와 함께 온천장 입구로 이사를 하여 연산중학교까지 버스를 타고 등교를 하였습니다. 아버지께서는 온천장 입구에서 핫도그랑 어묵을 파셨고, 누님은 고등학교를 졸업하고 곧장 신발공장에 취직을 하였습니다. 저는 학교 수업을 마치면 명륜동에서 신문배달을 하여 가정살림에 보탰습니다. 신문배달 가구 수가 120가구 정도 되었는데 1시간 30분 이상 걸어서 배달을 하였습니다. 한 달 월급은 정확히 2만 원이었습니다. 가장 힘든 점은 신문대금 수

금이었습니다. 신문대금을 제때 잘 주는 집은 항상 잘 주었지만, 두서너 달 미루는 집은 항상 미루었습니다.

1986년 연산중학교를 졸업하고 동래고등학교로 진학하였습니다.

아름다운 시절을 뜨겁게 시작하다

영화 〈1987〉을 보셨나요? 1987년은 제가 동래고등학교 2학년 때였습니다. 학교 문예부장을 하면서 어설픈 시를 적으며 중앙대 문예창작학과를 꿈꾼 가난한 집안의 평범한 학생이었습니다.

지금 용인고등학교와 대명여자고등학교가 있는 곳을 '시싯골'이라 합니다. 온천장 입구에서 시싯골로 올라가는 길은 지금 아이파크 아파트가 위풍당당하게 들어서 있지만, 1987년에는 허허벌판이었습니다. 용인고등학교와 대명여고 사이는 논밭이었습니다. 논밭 사이에 삼촌 집이 있었고 삼촌집에 월세로 살았습니다. 아버지, 누나, 여동생 그리고 나.

동래고등학교 시절에는 문예부에 들어가 시(詩)를 썼습니다. 2학년 때에는 문예부장을 하며 시화전도 하고 타학교와 교류하며 문학 토론도 하였습니다. 문예부 생활을 하는 중에 한 선배를 만나면서 사회문제에 대해 관심을 가지게 되었습니다. 학교 수업보다는 동래시장 골목 술집에서 졸업한 문예부 선배들로부터 대학생활 이야기, 시국 이야기 등을 듣는 것을 더 좋아했습니다. 4 · 3제주항쟁, 부마항쟁, 1980년 광주민중항쟁 이야기를 들으며 가난의 문제는 개인의 문제가 아님을 깨닫게 되었고 점점 사회문제에 빠져들기 시작하였습니다.

어느 날 가톨릭센터에서 광주민중항쟁 사진전이 열린다는 소식을 접하고 두려운 마음을 억누르며 혼자 갔습니다. 사진전을 보고 받은 충격은 감당하기 힘들었습니다. 잔인한 '학살'의 현장이었습니다.

그때부터 고등학생 신분으로 집회에 참석하였습니다. 서면에서 범내골로 행진하며 호헌철폐를 외쳤고 백골단과 지랄탄을 피해 현대백화점(당시에는 없었던 것으로 기억합니다) 옆 골목에 있는 가게로 숨어들어 가기도 하였습니다. 밤늦게 귀가해서 다시 학교로 가고 수업 마치면 다시 서면으로, 부산대학교 앞으로 달려갔던 기억이 떠오릅니다.

양영진 열사를 만나다

동래고등학교 문예부 시절에 만난 선배가 양영진 열사입니다. 제가 고등학교 입학할 때 선배는 졸업하여 같이 학교를 다닌 적은 없습니다. 문예부 선배였고 행사 때 가끔 찾아오셔서 저녁을 먹으며 시국에 대한 이야기도 듣고 시 창작에 대한 대화도 나누곤 하였습니다.

선배는 제가 고등학교 3학년 때 '군부독재 타도'와 미국을 비판하며 통일을 염원하는 유서를 남기고 1988년 10월 10일 부산대학교 재료관 5층에서 투신하였습니다. 선배는 1988년 3월에 노태우 군사정부의 대학생 군사 훈련의 일환인 전방 입소를 거부하였고, 4월에는 훈련소에서 퇴소를 당하였습니다. 이후 부산대학교 총장실을 점거하여 농성을 벌였습니다. 8월에 입영통지서를 받고 신병훈련소에 입소하였습니다. 당시 시대 상황을 볼 때 갑작스런 입영통지서는 전방 입소 거부에 대한 보복의 성격이 짙었습니다.

장례식은 부산대학교에서 영결식을 마치고 동래고등학교 운동장에서 한 바퀴 도는 노제를 하였습니다. 돌아오지 못할 길을 떠났습니다. 학교 운동장 노제 때 학교 당국은 쉬는 시간 없이 계속 수업을 진행하고, 창문은 커튼을 내려 못 보게 하였습니다. 학생들이 운동장으로 아예 눈을 못 돌리게 하였습니다. 그때 저는 선생님께 항의하였지만 선생님께서도 어쩔 수 없다는 듯 침묵을 지키며 우리들에게도 침묵을 강요하였습니다.

지금도 선배의 시(詩)「어머니의 손톱」을 좋아합니다.

어머니 손톱을 깎아 드릴게요
자꾸만 쌓이는 쥐똥 같은 가난
깎아 드릴게요
똑똑 끊어졌어도 뛰어다니는
피곤 잡아 드릴게요
어머니 보이세요
신문지에 검은 손톱 달이 떴군요
경지정리로 파헤쳐진 들녘의 활자 위로
어머니 가난을 위해
절 어머니 손톱 속에 가둬 두지 마세요
자라나는 우리의 슬픔이 될 뿐이에요

쌓이는 쥐똥이 될 뿐이에요
어머니 잡겠어요
우리의 창문을 넘보고
간밤 불면마저 갉아먹는 녀석
잡아버리고 말겠어요
어머니 이리 가까이 앉으세요
손톱을 깎아 드릴게요

「어머니의 손톱」 중 '자꾸만 쌓이는 쥐똥 같은 가난' 시구(詩句)를 좋아합니다. 쥐똥 같은 가난이 마치 우리의 가난으로 여겨집니다. 국가는 '어머니 가난을 위해' 우리를 짜여진 틀에 계속 가두려고 하고, 우리는 어머니의 가난과 슬픔에서 벗어나려는 선배의 몸부림과 절규가 느껴집니다. 위로를 받습니다.

광주 망월동 5·18 구묘소에는 '민족해방열사 양영진의 묘'가 있습니다. 비석에는 안경 낀 20대의 젊은 양영진 선배가 있습니다. 이렇게 양영진 선배를 만나면서 저의 학생운동은 시작되었습니다.

대학에 입학하다

데모와 폐결핵

고3 겨울, 아버지는 6개월의 간경화 투병생활 끝에 돌아가셨습니다.

대학교 전기모집(당시는 전기, 후기가 있었습니다)에서 동아대 국문학과를 낙방했습니다. 아버지는 돌아가시기 전 저에게 '경성대학교 철학과는 후기모집으로 약간 명을 모집한다'는 말씀을 해주셨고, 저는 후기모집 전형을 거쳐 아버지가 알려주신 경성대학교 철학과에 입학을 하였습니다. 운이 좋았습니다.

대학교 입학식 전 1989년 2월 아버지께서 간경화증으로 6개월간의 투병생활 끝에 돌아가셨습니다. 아버지께서는 저의 입학식을 보지 못하셨습니다. 술을 좋아하셨던 아버지로 기억합니다. 어쩌면 좋아서 마신 술이 아니라 삶의 고달픔을 달래기 위해 마신 술이라 생각됩니다. 술로 인해 병을 얻으셨고, 술 때문에 돌아가셨습니다. 근데 저도 술을 좋아합니다.

대학에 입학한 후 매일 데모하고 사회 문제에 관심을 가지고 흔히 '불온서적'이라 불리는 책들을 열심히 공부하였습니다. 물론 연애도 하였습니다. 2학년이 되자 동아대학교, 경성대학교, 부산외국어대학교 후배들과 동기들을 가르치는 운동권 리더가 되었습니다. 경성대 철학과 후배들을 모아 데모하는 'Anti-these'라는 과동아리도 만들었습니다. 저의 아내는 과 동아리 'Anti-these' 3년 후배입니다.

에피소드 하나

지금은 80kg가 넘지만, 대학교 1, 2학년 때에는 저도 나름 '샤프'하였습니다. 믿기 어렵겠지만 저를 좋아하는 여자 선후배 그리고 동기들이 제법 있었습니다. 중학교 때는 잠시지만 장거리달리기 선수도 하였습니다. 그래서 데모할 때면 청바지를 입은 백골단보다는 빠르다고 자신하였기에 선봉에 섰습니다.

아버지가 돌아가시고 난 뒤, 누나는 독립을 하였고 1989년 6월부터 저와 여동생은 시싯골에서 나와 거제동에서 어머니와 동거인으로 살게 되었습니다.

어느 날 집회를 하고 집에 오니 어머니께서 '오늘 데모했나? 그것도 맨 앞에 섰나?' 말씀을 하시면서 대성통곡을 하시며 야단을 치셨습니다. 아버지께서 돌아가시고 저희 삼남매는 초등학교 6학년 때 아버지와 이혼한 어머니와 함께 살고 있었습니다. 초등학교 때 친한 짝 '진태'라는 친구가 전경에 입대하였는데, 그날 경성대 데모 진압하러 와서 맨 앞줄에 섰다고 합니다. '꽃병(화염병)'을 들고 맨 앞줄에 있는 저를 알아보고 어머니께 전화를 한 것이었습니다.

젊은 날 시위 현장에서 초등학교 친한 친구를 만난 것입니다. 한 명은 전경, 한 명은 시위대. 1980년대 군부독재 시대를 살아온 젊은이들의 삶의 단면이었습니다.

당시 경성대는 2~3일마다 데모를 하였습니다. 데모 후 선술집에서 평가회를 가지며 울분을 토하며 연애도 하였습니다. 전대협, 한총련 출범식 등으로 전국 대학교와 집회 현장을 쫓아다녔습니다. 미팅 한 번 제대로 못하고, 지금은 대학축제라 불리는 대동제 한 번 제대로 즐긴 적 없었습니다. 대학교 1학년 때 핑클퍼머 한번 해본 것밖에 기억이 없습니다.

다시 그 시절로 돌아간다면 미팅도 하고 나이트클럽도 갈 겁니다. 그러면 지금의 노래실력은 아니겠지요. 1989년, 90년을 뜨거운 열정으로 '혁명'을 꿈꾸며 꽃보다 더 아름다운 시절을 보냈습니다.

데모, 최루탄가스, 학습, 술이 반복되다 보니 결국 폐병을 앓게 되었습니다. 결핵 3기 판정을 받고 마산에 있는 국립결핵병원에 입원하여 잠시나마 '먹고 자고 먹고 자는' 생활을 4개월 동안 하였습니다. 아직도 저의 폐에는 결핵의 흔적이 남아 있습니다. 폐결핵으로 마산국립요양병원에 4개월 동안 입원하여 치료를 받고 퇴원을 하였습니다. 마산 하면 아구찜이 아니라 결핵요양병원이 생각납니다.

1991년 7월 대한민국 육군에 입대를 하였습니다. 아버님의 부재. 생계를 책임진 독자는 군 면제 사유가 됩니다. 가지 않아도 되는 군대를 데모하는 아들이 미워 어머님께서 입영신청을 하여 입대하게 되었습니다. 군 생활 18개월. 그렇다고 18개월 단기사병(방위)은 아닙니다. 입대하고 훈련을 마치자마자 제대 신청을 하였는데 묵묵부답이었습니다. 군 생활 18개월(상병 7호봉) 되니 병장진급을 앞두고 전역을 시켜서 18개월 군 생활을 하게 되었습니다. 계급은 상병입니다. 1993년에 의가사제대(依家事除隊, 가정 형편으로 인해 더 이상 군복무를 할 수 없어서 예정보다 일찍 하는 제대)를 하였습니다.

 # 에피소드 둘

상병 때 휴가를 나와 반송동에 있던 집으로 가니 이사를 가고 없었습니다. 황당 그 자체였습니다. 휴대폰도 없는 시절이라 대학교 동아리 방에서 휴가를 보냈습니다. 덕분에 잔소리를 듣지 않고 후배들과 술을 마시며 휴가를 보냈습니다. 이모를 통해 겨우 주소를 얻어 장전동 집에서 어머니께 인사만 드리고 복귀하였습니다.

활동가에서 대중정치인으로

세 번 낙선, 네 번째 출마 그리고 당선

제대 후 학교로 복학을 하였습니다. 복학 후 진보정당 추진위원회 활동, 문과대 학생회장 출마, 총학생회 부학생회장 출마, 진보학생연합 활동, 21세기 진보학생연합 활동 등 전형적인 운동권의 길을 걸었습니다. 졸업 후 진보정치를 위해 만덕동, 덕천동에서 2006년 제4회 지방선거에 부산광역시의원 민주노동당 후보로 첫 출마를 하게 되었습니다.

2006년 출마할 때에는 당선보다는 민주노동당 비례 시의원을 만들기 위한 전략 차원의 출마였습니다. 부산은 6곳의 전략지역에 시의원 후보를 출마시켰고, 제가 만덕동, 덕천동에서 출마하게 되었습니다. 10% 이상을 득표하면 선거비용 50%를 환급 받았습니다.

3,801명 득표, 10.66%의 득표율이 저의 첫 출마 성적표였습니다. 부산에서 민주노동당으로 출마한 시의원 중 유일하

게 10% 넘게 득표하였습니다. 이것이 저를 대중정치인의 길을 걷도록 만들었습니다. 그 후 만덕동, 덕천동에서 출마는 계속 이어졌습니다.

2010년에는 민주노동당이 분당하며 만들어진 '진보신당'으로 출마하였습니다. 지역주민 10,723명이 저를 선택해 주셨고 28.17%를 득표하였습니다. 첫 출마보다 3배 가까이 많은 득표였습니다.

진보정당으로 세 번째 출마를 고민할 때 당시 지역구에서 국회의원 출마를 준비하던 전재수 국회의원께서 새정치민주연합으로 입당할 것을 권유하였습니다. 전재수 의원의 '삼고초려'를 받았습니다. 문재인 당시 대통령 후보와 전재수 의원의 진정성을 믿었습니다. 함께할 수 있겠다는 믿음이 생겼습니다. 하지만 진보신당과 진보정당 활동가들로부터 배신자 소리를 들으며 많은 벗과 동지를 잃었습니다. 물론 계속해서 응원과 격려를 해준 동지들도 많았습니다. 많은 분들이 지금도 변함없이 응원과 지지를 보내주고 있습니다.

새정치민주연합에 입당하여 2014년에 세 번째 출마를 하였습니다. 41.41% 득표.

새정치민주연합이 더불어민주당으로 당명을 바꾸면서 2018년 당내 경선을 거쳐 네 번째 출마를 하여 드디어 57.94%의 득표율로 당선하였습니다.

세 번 낙선, 네 번째 출마 그리고 당선.

부산에서 당선된 현역 국회의원인 전재수, 최인호, 박재호 의원 모두 세 번 낙선, 네 번째 도전에 당선되었고 지금은 재선의원이 되었습니다. 저도 재선이 되기를 희망해 봅니다.

제2의 고향 만덕동에 살다

1992년 해운대구 반송으로 이사를 하였고 금정구 장전동을 거쳐 1996년 2월에 만덕동 백산초등학교 뒤에 있는 대성빌라로 이사를 왔습니다. 26년째 만덕에 살고 있습니다. 만덕이 진정한 저의 고향입니다.

만덕동과 덕천동은 부산의 변방이었습니다. 하지만 시골동네처럼 마음이 따뜻한 사람들이 모여 사는 동네였습니다. 만덕성당 앞 빌라에 살며 결혼을 하였습니다. 신혼집이 없어 어머니를 모시고 살았습니다. 딸 둘을 낳아 기르고 있습니다. 만덕동 그린코아아파트에서 아파트 생활을 처음 하였습니다. 아내는 동래로 이사를 가고 싶어 했지만, 저는 만덕동이 좋고 여기서 시의원을 하고 싶어서 만덕동에 살기를 간곡히 원했습니다. 동래지역의 아파트값 이야기가 나오면 불똥은 어김없이 저에게로 향합니다. 저는 한 귀로 듣고 한 귀로 흘려버립니다. 지금은 만덕1동 이편한금정산 아파트에 살고 있습니다.

미분양이 된 것을 아내가 뒤늦게 신청하여 처음으로 새 아파트에 살게 되었습니다. 아내에게 미안한 마음이 조금은 사라집니다.

부산에서 가장 깊은 지하철역이 만덕동 지하철역입니다. 지하 9층입니다. 엘리베이터로만 이용이 가능합니다. 에스컬레이터는 작동을 하지 않습니다. 만덕지하철역에 만덕동의 유래에 대한 설명이 있습니다.

> 만덕(萬德)이라는 지명은 그 어원을 고려시대에 세워졌던 만덕사라는 절 이름에서 유래한다. 그다음으로 임진왜란 때 만덕동 뒷산(금정산)에 만 명이 넘는 사람이 모여 피난해 와서 있던 곳이라서 만덕동이라고 했다는 이야기도 있다. 또한 만덕고갯길에 도둑들이 들끓어 여기를 오르내리던 장꾼들의 물품을 털어 갔는데, 이 고개를 넘으려면 많은 사람들이 떼를 지어 넘어야 했기 때문에 '만등고개'라고 했고, 그것이 만덕으로 되었다는 설도 있다.

어떤 설이 되었던 만덕동 유래에 대한 이야기는 가난한 민초들의 삶과 이어져 있습니다. 삶이 힘들면 종교에 대한 기대가 커집니다. 왜란을 피해 금정산 기슭으로 숨어들어 온 민초가 있던 곳, 도둑으로부터 물품을 지키려는 장꾼들의 삶이 만덕동 유래에 깃들어 있습니다. 예로부터 만덕동은 서민들의 주거 공간이며 민초들의 삶이 이어지고 흘러온 곳입니다.

해방 후 해외에 있던 노동자들이 부산항으로 들어오면서 부산의 인구가 많아졌습니다. 6·25전쟁으로 부산에 피난민들이 몰려오면서 판자촌들이 우후죽순 생겨났습니다. 현재 산복도로로 연결된 초량동, 영주동, 수정동, 신암, 범일동 등에 살던 판자촌이 도시 미관상 무질서하게 보인다는 이유로 70년대 초부터 부산시가 철거를 하였습니다. 이로 인해 이주민이 생겼고, 이주민들은 만덕을 비롯한 반송동과 반여동 등으로 삶의 터전을 옮기게 되었습니다. 만덕동에는 아직도 당시 이주한 분들이 많이 살고 있습니다.

만덕동은 예전에는 산으로 둘러싸여 있어서 입지적으로 좋지 않은 동네처럼 보였습니다. 서쪽에는 낙동강이 흐르고, 동래 쪽 동쪽은 쇠미산, 남쪽은 백양산, 북으로는 금정산으로 둘러싸인 동네입니다. 금정산에서 쇠미산을 거쳐 백양산으로 가는 둘레길은 정말 아름답습니다.

만덕동은 남해고속도로가 완공되고 만덕1, 2터널이 생기면서 부산의 서쪽 관문이 되었습니다. 근래에 와서 대구-부산 간 민자고속도로가 개통되었고, 대동-양산 간 도로가 경부고속도로와 연결되어 있습니다. 교통이 편리해졌습니다. 그리고 2021년 6월 개통 예정인 만덕-초읍을 연결하는 만덕3터널과 만덕-해운대센텀을 연결하는 지하고속도로인 대심도가 완공되면 교통은 더욱 편리해질 것입니다.

부산시민들이 오해하는 부분이 만덕동은 '교통이 불편한 동네'라는 인식입니다. 아마도 퇴근시간에 흘러나오는 부산교통방송에서 교통정보 때문일 것입니다. '만덕성당에서 만덕터널 입구까지 정체가 매우 심합니다'라는 멘트 때문입니다. 만덕동 주민들은 교통이 불편하다고 생각하지 않습니다. 부산의 서쪽 관문으로 대구, 창원, 울사 등 타 지역의 대도시로 가기 매우 유리합니다. 시청을 비롯한 원도심으로의 출퇴근도 역방향이라 혼잡하지 않습니다. 만덕동에서 시청까지 도시철도를 이용하면 20분, 자가용을 이용하면 25분 정도 소요됩니다. 교통이 불편하신 분들은 동래나 연제구 해운대에서 김해나 창원으로 출근하시는 분들입니다. 퇴근시간도 김해나 강서의 산업단지 또는 창원에서 만덕터널을 지나야 하는 분들은 정체가 심합니다. 만덕 주민들은 만덕성당 앞에 옆길이 있어 불편하지 않습니다.

교통이 편리하고, 강을 끼고 산으로 둘러싸여 공기 좋은 곳이 만덕동, 덕천동입니다. 타 지역에 비해 집값 등이 저평가되어 있지만, 제가 사는 곳이라 오해하실 수도 있지만, 살기 좋은 동네는 확실합니다.

만덕동에는 병풍암 석불사(石佛寺)가 있고 만덕사지 당간지주(萬德寺址 幢竿支柱)가 있습니다.

병풍암 석불사는 1927년에 일현당 용선선사가 창건하였

병풍암 석불사 일출 또한 아름답습니다.
새해 일출을 보기 위해 만덕동 주민들은 이곳으로
모입니다.

습니다. 금정산에서 쇠미산, 백양산으로 이어지는 능선에 거대한 암벽이 누워 있는 병풍암 아래 석불사가 자리하고 있습니다. 바위와 바위 사이를 조각으로 이어붙인 듯이 석불이 조성되어 있어 있습니다. 대웅전과 칠성각 사이의 돌계단을 오르면 거대한 바위가 병풍처럼 다가오는데, 좌우에 사천왕이 비로자나불과 약사여래불을 호위하고 있으며, 중앙에 관세음보살이, 그 위에 미륵존불이 정남향을 향해 모셔져 있습니다. 석불의 규모도 크지만 정교하게 새겨져 있어 예술성 또한 뛰어납니다. 세계적인 여행잡지 『론리플래닛』이 아시아의 비경으로 선정할 만큼 아름답습니다. 병풍암 석불사 일출 또한 아름답습니다. 새해 일출을 보기 위해 만덕동 주민들은 이곳으로 모입니다.

1972년 부산광역시 유형문화재 제14호로 지정되어 있는 '만덕사지 당간지주(萬德寺址 幢竿支柱)'는 가로 40cm, 세로 60cm, 높이 3.5m의 돌기둥입니다. 당간지주란 절의 문 앞이나 들에 큰 기를 달기 위해 세우는 장대를 지탱하는 받침 기둥을 말합니다. 원래 한쪽만 남아 있었으나 지금은 복원을 하여 쌍을 이루고 있으며 만덕사지의 경계를 알려주는 귀한 자료입니다.

나의 터전 만덕·덕천 주민들과 '함께'

만덕동, 덕천동에 문화를 입히다

만덕동 덕천동에는 부산의 타 지역에 비해 문화 인프라가 부족합니다. 그래서 2021년 만덕동에서 영화제 개최를 시도하였습니다.

부산국제어린이청소년영화제 사전행사 개최였습니다.

2021년 7월 한여름에 부산국제어린이청소년영화제 '만덕천 달빛별빛 비키' 사전행사를 만덕천(공식 명칭 덕천천)에서 개최하였습니다. 사실 영화제 등 문화행사가 이루어지는 데도 북구 관내에서도 차별이 존재해왔습니다. 부산에서 북구가 소외되었다면 북구에서도 만덕동과 덕천동은 화명동과 구포동에 비해 더 소외된 지역이었습니다. 한 번도 영화제다운 영화제가 개최된 적이 없었습니다. 부산국제어린이청소년영화제 사전행사를 만덕천에서 개최하기 위해 만방을 뛰어다니고 적극적으로 주장하여 개최할 수 있었습니다.

2021년 10월에는 부산국제영화제 '동네방네 비프'를 만덕1동 주민자치회(회장 정인선), 만덕종합사회복지관 자원봉사 대학생들과 함께 개최하였습니다. 코로나19로 인해 제한된 인원만 참여하였지만 만덕중학교 학생들의 댄스 공연 등과 함께 진행하여 의미 있고 재밌는 행사가 되었습니다.

그리고 2022년 1월에 만덕도서관이 재개관하였습니다. 예전 북구디지털도서관이었던 곳입니다. 그때는 명칭에서부터 공간 배치 그리고 활용도에서 도서관 기능을 제대로 하지 못했습니다. 북구청 교육지원과의 노력과 구청장의 의지 그리고 국회와 시의회가 국비와 시비를 확보하여 재건축에 가까운 공사 끝에 만덕동의 문화복합공간으로 재탄생하였습니다. 이를 위해 저는 열심히 뛰어다녔습니다. 만덕도서관은 바로 위에 있는 독서테마공원과 연결되었고 도서관 1층은 어린이문화복합공간으로 활용됩니다. 미디어창작교실, 카페, 작은 영화관, 공연연습실 등을 갖추어 만덕도서관은 이곳 주민들에게 사막의 오아시스 같은 역할을 할 것입니다.

현재의 덕천여중 자리에도 곧 덕천도서관이 들어섭니다. 사업비 112억 원을 확보했고, 2023년 3월 개관을 목표로 추진하고 있습니다.

또한 만덕성당 옆 대심도 입구 위에는 상부공원을 만들기 위해 추진 중에 있습니다. 상부공원은 만덕동, 덕천동 주민의 '문화의 마중물'이 될 것입니다.

미디어창작교실, 카페, 작은 영화관, 공연연습실 등을 갖추어 만덕도서관은 이곳 주민들에게 사막의 오아시스 같은 역할을 할 것입니다.

만덕동, 덕천동은 문화가 있는 동네가 되면서, '문화' 하면 만덕동, 덕천동이라는 말이 나올 수 있게 더 열심히 노력하겠습니다.

코로나19의 역경을 함께 헤쳐 나가다

코로나19로 만덕동 주민들은 부산의 어떤 동네보다 물리적, 심리적으로 큰 어려움을 겪었습니다. 2020년 10월 추석 연휴기간, 다수의 코로나19 확진자가 발생하면서 만덕동에 '전국에서 처음으로' 동 단위 특별방역조치가 2주간 내려졌기 때문입니다. 여기에 한 요양병원에서 대규모로 확진자가 발생하면서 조치는 2주간 더 연장됐습니다. 맞춤형 핀셋 정책이라는 명목이었지만, 만덕동 주민에게는 그야말로 낙인일 뿐이었습니다.

'특별방역조치'라는 거창한 이름의 이면에는 만덕동에 있는 소공원 열여덟 곳 폐쇄, 일반음식점 · 휴게음식점 · 제과점에 대한 출입자 명부 관리, 유증상자 출입 제한, 마스크 착용 등 기존의 방역수칙과 별다를 바 없는 수준의 조치뿐이었습니다. 결과적으로 특별방역조치는 만덕동을 코로나19 취약지역으로 낙인찍는 것에 지나지 않았고, 힘들어하는 만덕동 주민들에게는 불에 기름을 부은 듯한 형국이 되었습니다. 어느 가게에서는 '만덕동에 사시는 분은 출입을 제한합니다. 만약 출입하였을 경우 구상권을 청구합니다'라는 안내문을 붙여놓기까지 했고, 집을 내놓은 한 주민은 갑작스레 매매계약이 해지되어 이러지도 저러지도 못하는 상황에 놓이기도 했습니다. 뿐만 아니라 자영업자들은 텅 빈 동네에서 수입이 없어 집세도 낼 수 없는 지경에 내몰리기도 했습니다. 낙인이 찍히니 회복은 매우 더뎠고, 피해는 고스란히 주민들의 몫으로 돌아왔습니다. 코로나19보다 무서운 혐오와 차별을 만덕 주민들은 감내해야만 했습니다.

저는 당시 부산시의회 본회의 자리에서 5분 자유발언을 통해 만덕동의 억울한 상황을 토로했습니다. 이는 만덕이라는 지역만의 문제가 결코 아니며 우리 모두가 마주한 문제이고, 낙인보다는 대책을, 충격에 따른 지원을 함께 마련해야 한다고 목소리를 높였습니다.

이로부터 코로나19 주홍글씨로 힘들어하는 만덕동 주민들을 위한 지원이 이뤄졌습니다. 행정기관에서 동 단위에 핀셋 지원을 하는 것은 처음 있는 일이었습니다. 만덕동 소재 소상공인을 대상으로 '특별방역지역 소상공인 맞춤형 특별자금'이 지원된 것입니다. 여기서 그치지 않고 '만덕동 주민과 부산시의회 의장단과의 간담회'를 개최해 소통의 자리도 마련했습니다.

늘 그래왔듯이 어려움을 꿋꿋이 헤쳐나간 만덕동 주민들과 함께한 여러 노력 덕분에 지금은 만덕동에 대한 낙인이 과

증리경로당 어르신들과 함께

늘 그래왔듯이 어려움을 꿋꿋이 헤쳐나간
만덕동 주민들과 함께한 여러 노력 덕분에 지금은
만덕동에 대한 낙인이 과거의 일이 되었습니다.

거의 일이 되었습니다. 한편으로는 만덕동 주민들과 어려움을 헤쳐나갔던 그때의 경험이 소중한 기억이기도 하지만, 주민을 대표하는 한 사람으로서 지역주민을 고려하지 않은 정책으로 고통받을 일은 다시는 일어나지 말아야 한다는 것을 절실히 느낀 시간이었습니다.

만덕 사람들

정신모 만덕종합사회복지관 관장

노기섭 관장님 소개 좀 부탁드리죠.

정신모 저는 만덕동에서 활동하고 있는 만덕종합사회복지관 정신모 관장입니다. 복지관이 2007년도에 개관했는데 부장으로 있다가 법인 내에 장애인직업재활시설로 잠시 가게 됐고, 2016년에 다시 만덕복지관 관장으로 왔습니다.

노기섭 40대이신 걸로 알고 있는데, 관장님 중에서 최연소 아닌가요?

정신모 북구 안에서는 최연소 맞고요. 부산 안에서는 저보다 나이 어린 관장님들이 많습니다. 요즘은 복지관도 현장에서 쭉 밟아 올라와서 관장 하는 분들이 많이 생기고 계세요. 아무래도 전문가로서의 역할을 필요로 하게 되니까요. 예전 관장님들은 공공에서도 많이 오셨는데 지금은 사회복지를 전문적으로 했던 전문가들이 사회복지 관장으로 많이 앉는 추세입니다.

노기섭 마침 여기 오기 전 사회복지사협의회에서 감사패를 받았습니다.

정신모 국비시설, 지역아동센터나 소규모 시설 사회복지사들의 임금체계가 아주 열악했었거든요. 많이 열악한 부분들을 시의회에서 큰 결단을 내려주셔서... 동일노동 동일임금이라는 단어에 걸맞게 부산시가 사회복지사 처우개선을 이렇게 획기적으로 진행할 줄은 저희도 몰랐습니다. 시의원님들이 힘을 많이 불어 넣어주셨는데 당연히 감사패 드려야죠.

노기섭 저희가 고맙죠. 시의원 활동을 시작한 지 3년 6개월이 지났습니다. 관장님이 볼 때 제 의정활동에 대한 느낌이 어떠신가요.

정신모 '일을 하는 시의원'이라는 느낌이었습니다. 발로 뛰고, 실질적인 사업에 대한 이해도도 높고, 공부도 많이 하시고요. 추진력도 상당히 높으셨던 것 같아요. 같이 일을 하면서도 입장 차이나 어려운 문제에 대해서 풀어내는 추진력과 해결능력이 탁월하다고 생각합니다.

노기섭 사실 만덕동이라는 곳이 부산에서 가지고 있는 이미지가 좋은 편은 아니에요. 특히 문화가 부족한 공간이 만덕이에요. 만덕에 있는 종합복지관 관장으로서 앞으로 뭘 좀 어떻게 해주면 좋겠다, 그런 게 있나요?

정신모 만덕종합사회복지관은 지역사회복지관이기 때문에 지역사회 문제들을 어떤 식으로 해결할까를 고민하고 있어요. 우리가 진단을 해봤을 때는 말씀하신 것처럼 문화, 그리고 교육에 있어 어려움이 많다는 거예요. 아이들과 함께 즐길 수 있는 문화적 여건이 부족하고, 공간도 부족해요. 이런 두 가지 문제에 있어서 의원님하고 계속 고민했던 게 마을 교육, 문화 정책과 관련한 프로그램, 사업들인 것 같습니다.

노기섭 의회에서 할 수 있는 게 소프트웨어적인 측면은 아니에요. 하드웨어적인 측면이 강합니다. 이번에 디지털도서관이 만덕도서관으로 바뀌어서 개관했는데, 내용을 담아야 한다고 생각해요. 문제는 만덕에 공간들조차 너무 적다는 겁니다.

정신모 그럼에도 불구하고 만덕동의 강점은 공동체가 많다는 거잖아요. 저는 공동체를 나무에 비유해요. 숲이라는 마을을 만들기 위해서 공동체라는 나무를 심는 작업들이 필요합니다. 나무를 심어서 자생할 수 있도록, 놀이공간을 만들어줘야 해요. 그 공동체가 자생을 하면 또 다른 공동체를 만들고... 그게 저희 복지관의 역할인 것 같아요.

만덕은 공간만 있으면 놀 사람이 준비가 되어 있지 않습니까. 딴 데는 지어놓고 그냥 제대로 활용을 못 해서 문제가 생기기도 하지만 만덕은 충분히 잘 놀 준비가 되어 있는 것 같습니다. 판을 좀 깔아주시죠.

노기섭 공동체를 만들어나가는, 나무를 심는 과정 속에서 시의회가 해줬으면 하는 것이 있나요?

정신모 사실 이 질문 받으니 정책적으로 접근을 한다고 하면 어느 정도까지 만들어질 수 있을까 고민이 들어요. 건물을 짓듯이 도로를 깔듯이 눈에 보이는 작업이 아니니까요. 결국에는 '공간' 문제로 다시 돌아가는 것 같아요. 만덕 곳곳에 공간들이 만들어지는 게 필요합니다. 또 하나는 공동체가 잘 살아나도록 어떻게 지원할 수 있을지 하는 문제입니다. 교육청에서 하는 마을교육공동체도 생기고 돌봄 공동체도 생기고 다 생기긴 했는데... 이제는 이걸 묶는 작업을 해야 합니다. 공동체가 많이 생겼는데 부처, 분야마다 이뤄졌거든요. 마을 단위에서 묶는 네트워크 작업이나 컨소시엄 형태로 묶을 수 있는 사업이 필요해요. 각각의 공동체에 지원해주는 것도 중요하지만 마을의 이슈 하나를 잡고 공동체가 같이 뭉쳐서 할 수 있는 정책이 있으면 더 좋을 것 같다는 생각을 합니다. 이때까지는 마을 공동체를 만들었고, 마을 공동체가 각각의 영역에서 역할을 하고 있다면, 한 마을 공동체의 사업으로는 마을이 변화되기 어려우니 마을 전체를 바꿀 수 있는,

공동체들이 같이 협업하는 정책을 만들면 좋지 않을까 하는 아이디어를 내봅니다.

노기섭 마을공동체지원센터가 있죠.

정신모 네, 서울에는 있습니다. 서울은 시 단위에서 구 단위까지 있어요. 구 단위의 마을공동체지원센터가 있다고 하면 정말 멋지죠. 서울의 마을공동체지원센터를 통해서 엄청난 파급력을 우리는 확인을 했거든요. 부산에서도 충분히 다뤄야 하지 않을까요.

노기섭 마을공동체지원센터가 필요하다는 점은 절감합니다. 그리고 꿰는 작업도 좀 해야 할 것 같다는 생각이 듭니다.

정신모 그물을 만들 때 씨실 날실 짜깁기가 되어야 하는데 이제는 짜깁는 작업이 필요한 것 같아요.

노기섭 우선적으로 시범사업으로 진행하는 것도 괜찮다고 봐요.

정신모 부산시에서 봐도 이렇게 공동체가 활성화되어 있는

구는 극히 드뭅니다. 특히나 다양한 세대가 공동체를 구축하는 곳은 많지 않아요. 북구는 다양한 연령을 가진 공동체가 활동을 하고 있고, 이번에 예비문화도시 선정을 하면서 저희가 공동체 분석을 해봤는데 엄청나게 많은 공동체들이 각자 자기 역할, 영역에 맞춰서 활동을 하고 있더라고요. 만덕은 공간만 있으면 놀 사람이 준비가 되어 있지 않습니까. 딴 데는 지어놓고 그냥 제대로 활용을 못 해서 문제가 생기기도 하지만 만덕은 충분히 잘 놀 준비가 되어 있는 것 같습니다. 판을 좀 깔아주시죠.

노기섭 저도 그 부분에 대해 공감하고, 대심도 상부공원 공원화 등 여러 방면으로 해결방안을 찾아보겠습니다. 또 만덕에 있는 공동체 활성화를 위해 실태조사부터 하자고 마을공동체 '고치'와 얘기했어요.

정신모 저희도 협동조합이 하나 설립되어 있거든요. '지팡이 협동조합'이라고 문화예술인, 청년, 돌봄활동가, 사회적기업을 같이 연결시켰어요. 상반기 지나면 사회적 협동조합으로 전환할 겁니다. 돌봄활동가 양성사업뿐 아니라 문화예술교육과 관련한 프로그램을 진행하고 청년, 마을과 연결시키는 작업들을 할 계획입니다. 한

마디로 만덕을 거점으로 하는 마을 단위 협동조합을 만들 계획입니다. 만덕이 거점입니다. '고치'와 '지팡이'가 함께 하면 좋겠다는 생각이 듭니다.

노기섭 정말 좋은 생각입니다. 저도 적극적으로 지원하겠습니다. 끝으로 한 말씀 부탁드립니다.

정신모 3년여 동안 의원님께서 시의원을 하시면서 저는 만덕이 많이 변했다고 봐요. 개인적으로는 그냥 보통 우리가 생각하는 시의원 하면 권위적이고, 시의 정책을 만들기는 하지만 선거 전과 후가 다른 사람이라고 생각할 수 있는데 노기섭 의원님은 사람 냄새 나고, 이야기를 하면 다음 단계로 넘어가는 데 있어서 바로 피드백이 되어서 좋아요. 되면 된다, 안 되면 안 된다 바로요. 아이디어를 냈을 때 추진을 해나가는 과정이 재미있었습니다. 사업들이 활성화될 수 있도록 뒷받침해 주셨던 부분에 대해 감사드리고, 사회복지나 청년, 마을 관련 문제들이 해결되는 부분에 대해 감사하게 생각하고 있습니다.

김행운 • 정서원 • 이예진 만덕동 '고치'

노기섭 인터뷰에 응해주셔서 감사합니다. '고치'는 북구 다행복교육지구 마을멘토이자 만덕 덕천 지역에서 배움과 실천의 공동체로서 역할을 하고 있는데요. '프린체'라는 스페인 레스토랑도 운영하고 있고요. 소개를 부탁드립니다.

이예진 '고치'에서 우리 안에서 생겨나는 문제가 지역사회와 연결돼 있는데 그런 부분을 발견했다면 어떻게 우리 식으로 잘 소화해나갈 수 있을까라는 지점을 고민하는 활동을 하고 있어요. 스페인 레스토랑이자 복합문화공간인 프린체에서 매니저를 하고 있어요.

정서원 '고치'라고 하는 게 누에의 집이잖아요. 집이라는 의미도 있고 '고치다'라는 의미도 있고. 우리는 집이기도 하고 서로를 고치는 집이기도 하다는 의미를 담고 있는 '고치'에서 활동하고 있습니다. 부산에서는 청년정책위원장을 맡고 있어요. 정부 차원에서도 청년정책 심의위원회가 있는데 국무총리실 산하 청년정책조정위원회 민간위원으로 있고, 대통령직속국가교육회의 본회의 위원, 청년특별위원회 위원을 같이 하고 있어요.

노기섭 만덕 주민으로서 노기섭 시의원 하면 무엇이 떠오르나요?

정서원 다른 데 가면 어디서든 노기섭 의원님 얘기가 들리는 거예요. 노동 쪽이든 어디서든. 어떻게 다 챙기시지 해요. 저는 청년 쪽만 보니까. 청년 분야에서도 지원과 활동을 활발히 해주셔서 감사하게 생각하고 있어요.

노기섭 청년센터는 정리가 됐죠?

정서원 청년센터는 개소 당시 부산인재평생교육진흥원(인평원)에서 1년 계약직으로 직원을 채용했고, 계약 만료 시점이 됐는데... 어제 모집공고가 나갔어요.

노기섭 그런데 그 공고도 1년이죠? 청년센터를 지금은 공공기관 위탁을 주고 있어요. 내년부터는 준비를 해서 민간위탁을 주면 좋을 것 같은데. 공공기관 위탁은 인평원에서 공무원 채용하듯 해버리면 청년활동가들이 진입하기에는 힘든 구조가 될 수 있어요.

정서원 청년활동공간 같은 경우는 정규직도 있되, 밀접도가 있는 활동가들이 3~5년 순환할 수 있는 구조가 좋지 않을까 생각해요. 청년정책도 단년도 사업으로 내려오다 보니 생기는 한계지점들이 있고, 예산이 적다 보니 본인력을 채용하지 못하고 단년도 사업에 예산을 붙여서 인력을 채용하는 형태가 많다 보니까 단년도로 채용되는 일자리가 많아요. 그러다 보니 충분히 역할을 할 수 있게끔 하는 여건이 안 되는 거죠. 그걸 기관도 알고 있다 보니까 제대로 경험할 만한 역할을 주지 않고, 본 기관에 있던 실무자는 실무자대로 일을 다 떠안고, 실제로 아무리 프로그램을 잘했다 한들 다음을 바라보기가 너무 힘든 거예요. 중간자들이 너무 힘드니까.

노기섭 시가 청년사업 위탁 줄 기관이 사실 인평원밖에 없어요. 그런데 인평원에도 청년정책에 대한 전문가들이 없어요. 인평원에서 청년활동가를 채용해도 좋을 것 같아요. 청년센터가 민간위탁으로 가더라도 청년정책을 집행하고 관리할 주체가 있어야 하거든요.

노기섭 3년 6개월 동안 만덕 덕천 지역구 기반으로 시의원 활동을 했어요. 그간 저의 활동을 어떻게 평가하시나요?

정서원 얼마 전부터 부모님이 공부를 시작하셨어요. 그래서 공부할 곳을 많이 찾아 다니시는데, 없으니까 독서실을 가시다가 엊그제 만덕도서관이 재개관했잖아요. 너무 좋다고 하시면서 2주 뒤에 시험인데 거기 가서 공부하면 되겠다고 하시더라고요. 저는 만덕 주민이긴 하지만 활동범위가 넓으니 만덕에서 머무는 시간이 많지는 않은데 부모님은 여기 머무시니까. 일상에서 체감되는 것들이 많았던 것 같아요.

이예진 저는 만덕 덕천은 아니고, 구포 주민이지만 의아하면서도 좋았던 건 부산국제영화제나 부산국제어린이청소년영화제 같은 것들이 북구에서 계속 진행되고 있는 부분들. 영화를 가서 소비하는 문화로만 느끼는 게 아니라 문화를 같이 즐길 수 있는 영역이 있구나, 라고 느끼게 되는 장들이 생긴 게 좋아요.

노기섭 만덕동은 문화가 너무 열악해요. 만덕천 살리기를 통해 문화공간으로 만들지 못했다는 점이 너무 아쉽고요. 부산국제청소년어린이영화제나 국제영화제는 제가 가져오는 데 역할을 할 수는 있었지만, 사업은 주민자치회에서 많이 도와주셨어요. 그때 느꼈죠. 만덕동 주민들이 문화에 목말라 있구나.

정서원 늘 뭐가 열리면 "열리나 보다" 할 텐데 어쩌다 그런 일이 있으니 주민들 관심이 굉장히 높은 것 같아요. 그만큼 곳곳에서 열리는 게 적었구나.

노기섭 부산국제영화제 동네방네 비프는 화명동에 갈 걸 억지를 좀 부렸어요. 만덕은 코로나 때문에 힘들었는데. 출입금지까지 시켰는데.

정서원 태어난 곳이 신만덕 꼭대기 한신아파트예요. 계속 한

그래도 북구는 장점을 가지고 있어요.
청소년, 청년, 장년이 쭉 연결된 오래된 공동체들이 있고,
다음을 모색하고 있는 과정을 밟고 있다는 거예요. 이제
북구에도 청년팀이 생겼잖아요.

동네에 머물러서 생활을 했고, 작은집은 7동이고 할머지집이 11동이고 모이면 다 동네얘기가 나와요. 얘기하면서 가장 많이 변했다고 느낀 건 일상에서 접하는 변화들이 되게 많았구나, 라는 거예요. 신뢰도가 높아지고 소통이 된다고 생각하게 된 것 같아요, 주민들은. "얘기했던 것들이 반영이 되고 체감이 되네?" "주민 이야기들을 잘 들으려고 하네?" 이런 부분이요. 뭘 새로 짓고 이런 것보다는.

노기섭 위원장님은 올해 부산시에서 사각지대 청년 지원사업으로 신설한 NEET(Not in Education, Employment or Training) 청년 대상 사업을 통해 청년을 만나고 계시죠.

정서원 NEET 청년사업인 고용노동부의 '청년도전지원사업'으로 진행되는 '위닛캠퍼스'와 부산시 '위닛커뮤니티' 등을 통해 무업시기를 보내고 있는 청년들을 만났어요. 캠퍼스는 1기수에 100명씩 해서 6주간 프로그램을 돌리고, 고치가 강사를 매칭하는 역할을 담당했어요. 단순히 강의를 듣고 가는 자리가 아니라 내 얘길 하는 자리를 만들어 4기수까지 진행했습니다. 커뮤니티는 30명을 모집해서 100일간 만났고요. 제가 느낀 건 청년들이 불안도가 굉장히 높다는 거예요. 예전에는 일자리 도전에 대한 좌절에서 오는 불안만 있었다면, 지금은 코로나19까지 겹쳐서 요동치듯 변하는 상황 때문에 더 불안해졌어요. NEET 사업을 하면서 알게 된 건 불안은 혼자 있는다고 해소되는 게 아니라는 거예요. 서로 얘기하면서 불안으로 안 느껴지게끔, 부딪혀가면서 다른 방편을 찾을 수 있게 하는 과정에서 해소되는데 지금까지 그게 없었던 거죠.

노기섭 하드웨어적인 부분도 있지만, 청년정책에서 소프트웨어적인 부분도 부족한 것 같아요.

정서원 부산시 청년정책위원장을 하면서 이번 청년정책을 보면 예전으로 회귀하는 것 같다는 느낌을 받았어요. 특히 마음건강 지원사업 예산이 삭감된 것부터요.

노기섭 마음건강 지원사업 같은 경우는 아쉬움이 있었던 게 뭐냐면 청년정책네트워크에서 논의됐던 괜찮은 사업 8가지 중 하나였거든요. 그런데 시에서는 취업과 창업 위주인 거예요. 시의 집행부에 전문가가 있느냐. 안타깝죠.

정서원 예산이 분산되어 있어요. 어떤 문제를 중점으로 해결할 의지가 있는지 명확하게 보이지가 않죠. 나열식이에요. 서울시는 '동일한 출발선에서 가게 하자'를 메인으로 청년수당을 기본으로 하고, 그 가운데 이야기할 수 있는 프로그램과 활동가들이 필요한 정책을 매칭해주는 활동지원센터를 함께 하잖아요. 부산은 기조가 아직 안 서 있어요. 홍보가 문제가 아니라 규모가 작고 집중하는 문제가 적어서 모르는 거라고 봐요. 작년엔 그나마 조금 합쳤는데 올해 예산이 다시 분산됐어요.

노기섭 노동이나 인권 쪽에는 오랜 기간 활동해온 활동가들이 있고, 시에도 많이 들어가 있어요. 청년활동가 모임을 많이 만들어서 사단법인 등을 설립해 청년에 대한 문제를 계속 얘기하고 정책을 만들어가면 그나마 이런 문제가 해결되지 않을까 생각을 하죠. 만덕 덕천에 대해 얘기를 좁혀보죠.

김행운 거점이라고 할 만한 인프라가 없어요. 기를 수 있는 중간지원조직이 없다 보니 그런 것 같아요. 구마다 비슷한 사업들을 하고 경쟁을 하는 거죠. 사업하듯이 어떤 걸 유치하느냐에 열을 올려요.

노기섭 중간지원조직도 없고, 부산에서만 보더라도 구마다 특성이 다른데 천편일률적인 사업을 하고. 그 지역에 맞는 사업들이 길러져야 하는데 아쉽긴 하죠.

정서원 그래도 북구는 장점을 가지고 있어요. 청소년, 청년, 장년이 쭉 연결된 오래된 공동체들이 있고, 다음을 모색하고 있는 과정을 밟고 있다는 거예요. 이제 북구에도 청년팀이 생겼잖아요.

김행운 청년들에게 직접 문제를 찾도록 하는 게 어떨까요. 어른들이 바라보기보다는 청년들의 데이터를 모집하는 거요. 그리고 그 데이터를 모은 친구들에게 그다음 단계를 지원하는 거죠. 활동이 아니라 게임처럼.

정서원 청년인구 유출이라고 하면 지역 입장인 건데, 제주도는 청년을 잡아두려고 하지 않거든요. 교류사업이 굉장히 많아요. 우리는 유출되고 빼앗기는 개념으로 보는데 제주는 교류 차원에서 보니까 프레임이 다르더라고요. 북구 입장에서 청년들이 모여서 논의할 수 있는 플랫폼 하나가 있고, 북구 청년만이 아닌 부산시 안에서 넘나들 수 있는 정책이 있으면 좋을 것 같아요.

노기섭 집은 북구더라도 활동은 북구에 국한되는 게 아닌데 다양한 사람들을 만나서 일하고 활동할 수 있는 공간들이 필요한 거군요. 메가시티 이야기가 나오는 것과 같이.

정서원 넘나들되, 모이는 건 북구에서 모이면 되지 않을까 하는 거죠.

노기섭 이 이야기들을 이번에 시에서 청년플랫폼사업을 진행하는데 거기에 반영하면 좋을 것 같다는 생각을 합니다. 고치를 너무 작게만 본 것 같아요. 고치가 만덕에 있는 걸 더 자랑스러워해야겠는데요. 저도 배움과 실천의 공동체 '고치'와 함께 '부산의 청년' 정책에 대해 더 고민하며 실천하겠습니다.

우영상 만덕1동 상인회장

노기섭 인터뷰에 응해주셔서 대단히 감사합니다. 간단하게 회장님 소개 좀 부탁드리겠습니다.

우영상 저는 40년 넘게 만덕동에서 살고 있으면서 축산업을 하고 있는 우영상이라고 합니다. 만덕1동 상인회장, 주민자치회 등 이 동네에서 봉사를 많이 했어요. 북구에서 나름대로 만덕1동 활성화를 시키기 위해 노력했습니다. 만덕에 많은 애착을 가지고 있습니다.

노기섭 만덕1동 시장에서 가게를 하고 계시는데, 만덕1동 시장은 이름이 정해져 있나요? 여기는 통상적으로 만덕1동 시장이라고 부르긴 하는데 정식 명칭을 들어본 적은 없는 것 같아요.

우영상 그냥 만덕시장이라고 통틀어서 얘기하죠. 상호에 대해서도 상인들끼리 생각해 봤는데 '동백'이라는 용어를 쓰면 좋지 않을까 해요. 만덕 동백시장. 동백카드와 연계되기도 하고요.

노기섭 만덕1동 시장이 동백시장이 되고, 시장 내부를 리모델링해서 발전시키는 방안을 같이 고민했으면 좋겠다는 생각이 들거든요. 이름 결정하고, 아케이드 설치하고, 내부 리모델링에 길까지 만들고요.

노기섭 동백전 특화상품 카드가 만덕1동에서 현재 시범사업 중인데요. 부산에서 시범사업으로 선정된 4곳 중 한 곳이에요. 효과가 좀 있나요?

우영상 추진하기 위해서 가맹점포 모집을 해야 했습니다. 처음에는 사람들이 가맹점 부담 2%에 대해 민감해하면서 꺼려하기도 했어요. 우여곡절 겪으며 30개 이상 점포를 참가시키게 됐는데, 지금은 그때 참여하지 않은 점포들이 후회를 하고 있는 상황입니다.

노기섭 처음에는 안 하려고 했는데 혜택이 크고 지역 주민들도 카드를 발급받고 싶어 하니 방향이 바뀐 거네요. 서로 하고 싶어 하는 상황이 된 거죠.

우영상 가맹점 모집을 돈 받고 하는 것도 아닌데 지금 와서 자기 점포는 왜 뺐냐고 시비조로 말하는 분들도 계셔서 고충이 있습니다.

노기섭 하시면서 사연들이 많았죠. 고생만 하시는 건데.

우영상 이제 제가 만덕1동에서 마지막으로 할 수 있는 건 아케이드입니다. 시장 환경을 깔끔하게 만드는 게 정말 중요합니다. 아케이드 만들고 명칭은 동백만덕시장으로. 다른 지역에서도 동백만덕시장에 가면 할인받는다는 이미지를 주면 좋겠다고 생각해요.

노기섭 동백 시리즈 중에서 추가로 '동백통'이라는 시장 배달앱을 준비하고 있어요. 만덕동백시장과 결부시키면, 동백통 플랫폼에서 주문을 하면 배달하시는 분이 퇴근시간에 맞춰 시장의 물건들을 집에 배달해주는 시스템을 구상하고 있습니다. 시의원들은 자자보(자치단체 자본 보조금)를 매년 6억씩 배정받아요. 지난 3년 동안은 백양중학교 지하주차장을 만드는 데 4년치를 다 사용했어요. 재선이 되면 동백만덕시장을 적극적으로 검토하겠습니다.

우영상 구청 일자리경제과와도 얘기를 했는데 일방통행도 같이하면 좋겠다고 해서 경찰에서 조사를 하러 왔습니다. 시장에서 일방통행에 동의한다고 한 사람이 80명 상인 중에 50명 가까이 됐는데 반대한다면서 서명도 안 한 사람에게 물어서 무산이 된 겁니다.

노기섭 주민자치회가 이번에 만들어졌고, 상인들이 모여서 공식 의사결정을 하면 좋을 것 같아요. 공식 의사결정이 없을 경우에 무작위로 의견을 수집하다 보니 공식절차를 안 밟으면 안 되는 경우가 많더라고요. 공식적 의견수렴을 거치면 경찰서도 따를 수밖에 없을 겁니다.

우영상 위에 이편한세상 등 아파트 사는 주민들이 시장을 이용하고 싶은데 차가 다니니 유모차를 끌고 나올 수 없다고 해요. 또 보도블럭도 해 놓으면... 아스팔트는 비 올 때 신발에 물도 들어가고 또 차가 길에 복잡하게 다니면 위험할 수도 있고요. 보도블럭을 해놓으면 불편함이 없어요. 비가 와도 신발 젖는 일도 없고, 차도 원활히 다니고. 시에서 도와줬으면 좋겠습니다.

노기섭 만덕에서 40년. 지금 상인회장을 맡고 계시고, 주민자치회 경제문화분과 위원장을 맡고 계시죠. 제가 의정활동을 한 지 3년 6개월 정도 됐는데, 저는 어떤 시의원으로 떠오르시나요?

이번에 동네방네 비프가 큰 선물이 됐습니다. 이제는
밥 못 먹고 사는 사람이 없으니까 문화적으로, 사람 사는
세상답게 문화도 필요하다는 생각을 하고 있습니다.

우영상 뭐가 들어 있는지 모르지만 숙제로 가득한 가방을 메고, 청바지를 입고, 걸어서 동네 구석구석을 살피는 모습. 대중교통을 이용해 시의회로 출근하는 사람. 생색 안 내고 뒤에서 묵묵히 일하는 모습. '눈높이가 같다'고 표현할 수 있을 것 같습니다. 공감하는 부분이 굉장히 많죠. 진짜 편안합니다. 이번에 놀란 게 코로나 때문에 상처 입었던 주민들을 위해 동네방네 비프 영화제 열어주신 거였어요. 그런 부분까지 챙겨주니 진짜 고맙죠. 아마 주민들도 다 알 거라고 생각해요.

노기섭 작년 코로나19로 만덕동이 특별방역구역으로 지정돼서 타 지역에서는 만덕동 주민 출입을 금지시키는 일까지 벌어졌어요. 만덕 주민들이 어려움이 많았죠. 그래서 의회에서 5분 자유발언도 하고, 신용보증재단에 만덕동 특별 대출상품도 만들었어요. 또 만덕동에 문화적 요소가 정말 없는데 부산국제어린이청소년영화제, 부산국제영화제(동네방네 비프)를 만덕에서도 즐길 수 있도록 했습니다. 특히 동네방네 비프는 화명동에 갈 걸 만덕으로 가져왔어요. 코로나로 낙인까지 찍히고 너무 힘들었던 만덕 주민에게 이런 영화제라도 있어야한다고요. 저는 가져올 수는 있지만 실제로 일한 건 주민들이라고 생각합니다. 인원제한이 있어서 아쉬웠지만 정말 잘된 것 같아요. 지속될 수 있도록 시의회에서 노력하겠습니다.

우영상 만덕에 살지만, 다른 지역에 가보면 뭐 일어나면 화명동 화명동. 저는 그렇게 생각해요. 만덕은 1970년대에 철거민 이주지역으로 서민들이 사는 공간입니다. 그래서 등한시되어왔던 것 같기도 해요. 1980년대 택시 타고 만덕 가자고 하면 택시가 안 가요. 서민들이 사니까 공차로 내려온다는 거죠. 문화에 대해서도 많이 소홀하지 않았나. 그런 상황에서 이번에 동네방네 비프가 큰 선물이 됐습니다. 이제는 밥 못 먹고 사는 사람이 없으니까 문화적으로, 사람 사는 세상답게 문화도 필요하다는 생각을 하고 있습니다.

노기섭 그래서 저는 만덕성당 옆 대심도 공사 자리에 상부공원을 만들 생각입니다. 문화공간이 너무 부족한 만덕동에 공원을 만들고 문화를 채우는 거죠. 동의대 앞에 보면 수정터널 나오자마자 공원이 있어요. 그런 상부공원을 대심도 위에 성당 옆 만덕교에서부터 해서 터널 쪽 200m 정도 상부공원을 만들고 문화공간을 만들어 문화에서 소외됐던 만덕에 문화가 입혀지길 기대해요. 지역주민들과 함께하면 못할 게 없다고 생각합니다.

우영상 북구 모든 문화는 화명동에 치우쳐 있어요. 축구장, 게이트볼, 영화, 자동차극장 등등. 만덕1, 2, 3동, 덕천 1, 2, 3동이 너무 소외받고 있어요. 이게 추진되면 정말 명물이 될 것 같고, 놀이공간, 산책할 수 있는 공간이 되면 최고일 것 같습니다.

노기섭 저도 시청 근처에서 술을 한잔하고 대리를 부르면 대리가 안 와요. 공차로 나가야 하니까. 만덕이 그동안 이런 것 때문에 불편을 겪었는데 강하게 문제를 제기하지 않고 인내해왔다면 이제는 얘길 좀 해야 한다고 생각합니다. 아파트가 많이 들어서면서 젊은 층도 많이 들어와 있고. 문화를 입히는 작업을 많이 해야겠다는 생각이 듭니다.

함께하는 말

노동 문제 인식과 노동 관련 정책의 불모지인 부산에서 노동 관련 조례의 제정, 노동자 중심의 소통채널과 노동인권부산의 노동문화 창출에 앞장서서 현장 노동자들과 함께해주신 노기섭 의원의 그동안의 헌신적인 노력에 더불어민주당부산시당 노동위원회 및 한국노총부산지역본부 산별 대표자 및 노동자들은 감사드리고 또한 『노기섭과 함께』 출간을 진심으로 축하드립니다. - **더불어민주당 부산시당노동위원장 김두영**

부산 시민을 대변하여 부산시를 견제하고 나아가 의원들에게 까지 애정을 보이는 마당발 의원 노기섭, 불같은 정의를 계속 세워 나가시길~~ - **부산시의회 의원 오원세**

안녕하세요. 우선 노기섭 의원님의 책 출간을 축하드립니다. 평소 시정을 위한 감시자로서의 역할과 또 노동자들의 아픔을 앞장서서 대변하는 당당한 모습 계속 보고 싶습니다. - **부산시설공단노동조합 위원장 김동우**

의정활동과 의정활동을 하며 만난 사람들 인터뷰 등으로 엮은 『노기섭과 함께』 출판을 진심으로 축하드립니다. 그동안 소외된 의제들 중심으로 앞으로 더 좋은 의정활동 부탁드립니다. - **(전) 부산폴리텍대학 학장 이성식**

정치인은 그가 만난 사람, 만나고 있는 사람, 그리고 그들의 요구를 담은 정책과 입법을 통해서 그 정체성을 증명합니다. 이 책은 그의 정체성을 확실하게 보여주는 것이라 생각합니다. 그리고 왜 그가 정치를 하고 있는지 정확하게 말해주고 있습니다. 그가 앞으로도, 계속해서, 지나온 시간과 같이 일할 수 있도록 응원해야 하는 이유도 이 책이 말해주고 있습니다. 이런 삶을 사는 정치인이라면 비록 정당은 다르지만 응원하지 않을 수가 없습니다. 우리가 원하는 정치인 노기섭 의원의 건승을 기원합니다. - **(전) 부산지하철노조 위원장 이의용**

함께하는 이가 있어 행복한 사람입니다. 발걸음을 맞추어가며 오순도순 이야기하는 사람이 좋습니다. 나의 소리, 마을의 소리를 들어주는 당신. 그래서 만 가지의 덕이 있는 만덕의 동반자이기에 행복한 동행이 되어 감사하고 고맙습니다. - **북구 청소년문화의집 사무국장 김은정**

동지이자 동료이신 존경하는 노기섭 의원님! 노동의 불모지에서 노동을 심으며 걸어오신 그 길을 응원하며, 출판을 축하드립니다. 의원님께서 꿈꿔오신 일들이 잘 이루어지기를 바라며, 지금까지 그래왔듯이 앞으로도 부산 시민을 위해, 만덕 덕천동 주민을 위해 많은 변화를 일으키리라 믿습니다. 다시 한번 출판을 축하드리며, 의미 있는 변화를 위한 길! 함께 걷겠습니다. - **부산시의회 해양교통위원장 이현**

노기섭 시의원님은 지금까지 노동자들의 어려움과 서민의 힘든 일상 속에서 그들과 함께 고민하고 해결하며 살아왔듯이 앞으로도 서민과 노동자들의 친구가 되어주고 든든한 버팀목이 되어주기를 기대합니다. 출판을 진심으로 축하드립니다. - **사상바보주막 대표 김두석**

노기섭 동지를 만난 지는 한 20년 되었습니다. 민주노총에서 봤는지 민주노동당에서 먼저 봤는지 기억이 희미하네요. 한참 후 마을교육공동체의 인프라를 구축할 당시에 만덕마을교육공동체를 준비하고 있던 그를 다시 봤습니다. 노 의원의 진가는 8대 부산시의회에서 비로소 빛이 났습니다. 특히 노동을 비롯해 인권 등 진보의제 관련 의정활동에서 누구보다도 돋보였습니다. 이제 결전의 시기가 다가옵니다. 무사귀환을 고대합니다. - **부산이동플랫폼노동자지원센터장 현정길**

노기섭 의원이 시의회에 없었다면 부산시 노동정책의 방향은 변하지 않았을 것입니다. 삶의 근간이 되는 노동. 누구도 신경 쓰지 않았던 열악한 조건을 가진 노동현장의 기본을 바꿨습니다. 약자를 위해 목소리를 높이는 의원님께 진심으로 감사드리며, 확고한 신념만큼은 삶의 마지막까지 이어가길 진심으로 기원드립니다. 의정활동과 지역활동, 소중한 삶이 담긴 책의 출판을 축하드립니다. - **부산시의회 의원 박민성**

우선 축하드립니다. 저는 노의원 님 뵐 때마다 작은 설렘 같은 게 있었습니다. 기대감이겠죠. 암튼 힘들어도 힘차게라는 글귀가 늘 생각납니다. - **대리운전노동조합 부산지부 비상대책위원장 황정규**

출판을 진심으로 축하드립니다. 우리시대에서 꼭 필요한 열정과 노력을 가진 노기섭! 지금 우리나라는 여러 가지 사회갈등을 가지고 있습니다. 특히 노동자에 대한 관심과 애정이 누구보다도 깊은 사람입니다. 노동자의 삶을 위한 노력의 발자취가 역력합니다. 항상 처음이라는 자부심을 품고 늘 그래왔듯이 함께하는 사회, 화합하는 새로운 미래, 도약하는 북구의 밑거름이 되는 큰 인물이 되시기를 바랍니다. - **부산시의**

회 의원 김동하

『노기섭과 함께』 발간을 진심으로 축하드립니다. 살기 좋은 만덕 · 덕천의 믿음직한 일꾼, 노기섭 시의원과 함께한 세월이 어느덧 4년이 다 되어갑니다. 우뚝 선 상계봉의 정기를 닮은 그의 정치철학과 열정을 쏟아낸 노기섭과 함께 또 한 번의 새로운 시대가 열리기를 기대합니다. - **부산 북구의회 의원 손분연**

노동자의 '보다 나은 삶'과 지금까지의 세상이 아닌 '보다 나은 세상'을 위해 열정적으로 의정활동을 하신 노기섭 시의원님의 책 발간을 진심으로 축하드립니다. 노동자가 더 희망을 가질 수 있는 세상을 만들기 위해 계속 함께 노력하겠습니다. - **부산지하철 노동조합 위원장 서영남**

의원님, 감사드립니다. 객지에 나와 있어서 지역 현황은 잘 모르지만 작은 것 하나라도 반영해주시는 게 눈에 보입니다. 아이들은 학원 때문에 111번 이용 많이 하고 33번은 자주... 덕천, 만덕은 부산을 오기 위한 서부산의 교통 요충지라 생각합니다. 그만큼 좋은 이미지가 심어져야 하구요. 의정활동에 파이팅을 보냅니다. - **만덕동 주민 김동신**

그리 세련되지 않은 식당에서 문을 등지고 찬 없이 급히 먹던 한 그릇의 국밥. 바쁜 일정에 함께 식사할 짝을 찾는 것도 사치였나 보다. 자주 들르는 곳인 듯 식당 이모님께 건네는 인사가 따뜻하고 여유롭다. 이렇게 여유로움과 바쁨을 잘 다스릴 줄 아는 그가 시민의 입장에서 여유롭게 경청하고 열정을 다해 토해내듯 행한 일들은 노동자의 삶에 융단을 깔아주고 그들의 삶의 터전에 걸맞은 울타리를 쳐주는 것이었다는 것을 이 원고를 읽고 나서야 비로소 알 수 있었다. 이젠 그를 알았으니 말을 건네볼까? - **(주) 맘씨생활건강 김현주**

먼저 노기섭 의원님의 출판을 축하드리며, 불철주야 의정활동에 매진하신 4년간의 노고에 박수를 보냅니다. 혼자 잘 살려 했다면 사업을 해야 하지만 그 길을 마다하고 국민과 함께 잘살기를 바라는 충심으로 어렵고 험난한 길을 선택한 용기에 또 한 번 박수를 보냅니다. 날로 발전하는 북구를 위해 젊고 참신한 정치활동으로 부산 16개 구 · 군 중 제일 잘 먹고 잘사는 구로 만들어주실 거라 믿고 있습니다. 다시 한번 출판을 축하드리며, 노기섭 의원님의 앞날에 건승을 기원합니다. - **민주평화통일자문회의 부산북구협의회 회장 허윤용**

지역에서 주민들과 자주 소통하며 적극적으로 활동하는 모습을 의회에서도 볼 수 있어서 지역주민의 한 사람으로서 자랑스럽습니다. 부산시민을 위해, 만덕동, 덕천동 주민을 위해 변함없는 의정활동 부탁드립니다. - **행복신협이사장 추승학**

『노기섭과 함께』 출판을 축하드리며! 의원님은 참 열정적이고 에너지 넘치는 사람입니다. 8대 시의회 전반기 의회운영위원장으로서 보여준 의회운영 능력도 짱이었고, 직위고하를 막론하고 직언 직설하는 곧은 성품도 짱이고, 북구(만덕동, 덕천동)를 사랑하는 마음도 짱입니다. 8대 시의회는 의원님이 계셔서 행복하고 보람되었습니다. 바쁜 의정활동 중에도 짬짬이 공부하고 연구하며 출판까지 하는 의원님의 열정 그리고 에너지 존경합니다. 의원님의 가는 길에 찬란하고 무궁한 빛이 있으리. - **부산시의회 윤리위원장 김재영**

노기섭이란 이름을 처음 들은 건 3년 전쯤입니다. 부산 대리운전노조에서 대리운전기사를 위한 쉼터개설을 준비하고 있었고, 노기섭 의원님께서 기꺼이 쉼터 조성을 위한 〈부산 이동노동자 지원센터 설치 및 운영조례〉를 대표 발의하셨고 통과시켰습니다. 지금 부산이동노동자지원센터는 전국적으로 가장 모범적인 사례로 운영이 되고 있습니다. 이때부터 노의원님께서는 가장 열악한 환경에서 노동에 대한 제대로 된 대우는커녕 착취와 수탈을 당하고 있는 대리운전노동자들의 진실한 벗이 되어주셨습니다. 투쟁의 현장에서도 항상 함께해주셨고, 대리호출 공공앱을 만들 수 있는 〈부산광역시 대리운전노동자의 권익보호를 위한 조례〉도 앞장서서 통과시켜 주셨습니다. 세 번이나 낙선하고도 포기하지 않고, 가장 낮고, 가장 약하고, 가장 소외된 자들의 친구가 되기를 주저하지 않는 노기섭 의원에게서 노무현 대통령님이 오버랩되기도 합니다. 출판기념회를 진심으로 축하드리며... 바다를 포기하지 않는 강물처럼 좀 더 나은 세상을 위해 지금처럼 뚜벅 뚜벅 걸어가 주시기를 당부 드립니다. 우리에게 이런 의원 한 명쯤은 있어야 하지 않겠습니까? 감사합니다. - **부울경대리기사생존권사수연대 사무국장 김철곤**

노기섭 시의원님의 책 출간을 축하드립니다. 노기섭 시의원님께서는 부산시 산하 공공기관장 후보자 인사검증 특별위원회 설치뿐만 아니라 우리 부산지역 공공영역의 다양한 분야에서 공공성이 훼손되거나 침해받을 위기에 처했을 때 사회가 추구해야 할 공공적 가치를 지켜내기 위해 노력해오셨습니다. 그동안 시의원님께서 기울여오신 노력과 성과들이 이번 책 출간을 통해 더욱 많은 분들께 알려지게 되길 바라며, 다시 한 번 더 책 출간을 축하드립니다. - **부산도시공사노동조합 위원장 조준우**

출간을 축하드립니다. 제가 부산시설공단 이사장으로 재임할 때 광안대교 비정규직의 정규직화, 두리발사업 인수, 노동이사제 도입 등에 대해 언제나 약자와 노동자를 위하시고 제게 지혜를 주신 의원님의 노력 덕분으로 원만히 해결할 수 있었습니다. 머리 숙여 감사드리며 의원님의 앞날에 행운이 함께하길 기원드립니다. - **(전) 부산시설공단 이사장 추연길**

아래로 아래로 열정이 흐르는 아름다운 노기섭. 세상 누구를 당신의 자리에 데려다 놓아도 더 열심히 할 수는 없을 것입니다. 스스로의 삶을 서민을 위해 던져왔던 당신의 도전은 한 권의 책에 담기에 너무 부족합니다. 가로막는 벽을 뚫고 새로운 세상에서 꿈을 펼치길 기도합니다. - **부산신용보증재단 지부장 이영수**

임금노동자들이 실질적 생활을 영위할 수 있도록 생활임금이 법제화되어 있음에도 불구하고 아직도 많은 노동자들이 생활임금 사각지대에 놓여 있습니다. 그런 우리들 곁에 노기섭이라는 생활정치인이 있었습니다. 앞으로도 소외된 노동자에게 먼저 손 내밀어 인도하고 행동하는 노기섭 의원님을 응원하며, 『노기섭과 함께』 출판을 진심으로 축하드립니다. - **기장군 어린이급식관리지원센터 팀장 장수정**

정의 사회를 꿈꾸며, 수고로이, 먼 길을 걷는 한 사람이 있습니다. 진보정치 활동가로 시작해, 네 번째 도전 끝에 참다운 의정활동을 펼치고 계신 노기섭 시의원님이 바로 그 주인공입니다. 노동과 인권 그리고 시민의 삶을 위한 무거운 짐을 짊어지고, 더 나은 세상으로 가는 새 길을 열어오신 노기섭 시의원님의 여정을 다 함께 만나보시길 바랍니다. - **부산광역시교육감 김석준**

그는 시의원 같기도 시의원 같지 않기도 하다. 시의원 같다는 것은 누구보다 적극적이고 명료한 태도로 의정에 임한다는 뜻이며, 시의원 같지 않다는 것은 남달리 살아 있는 현장중심의 매너와 시각을 가지고 있다는 말이다. 정책의 살핌이 닿지 않은 현장의 애끓는 공기를 가슴에 담고 있는 사람은 주어진 권위에 때를 입히지 않는다. 책에 수록된 인터뷰이들의 면면과 행간에 느껴지는 그의 의지는 굳건하고 맑다. 지금껏 이어온 '변화는 있으나 변함은 없는 청정한 행보'를 응원하며 책의 출간을 축하한다. - **협동조합 고치 이사장 이언옥**

코로나 19 팬데믹과 어려운 경제상황에서도 어렵사리 출판하게 된 것을 진심으로 축하드립니다. 이 책을 통해 우리의 노동환경과 삶이 조금씩 나아지고 변화되길 바라며

위로가 되기를 소망합니다. 앞으로도 만덕, 부산 나아가 대한민국의 노동환경과 인권 향상을 위한 초석이 되시길 바랍니다. - **(전) 신만덕축구회 회장 이춘기**

제가 아는 노기섭 의원은 보다 낮은 곳으로 관심을 두고 또한 스스로 활동하는 분입니다. 오랜 기간 동안 만덕, 덕천에서 지역민들과 함께하며 취약한 노동자들의 삶에도 많은 관심과 활동을 보여주셨습니다. 이제 노기섭 하면 만덕, 덕천, 청년, 노동, 인권을 떠올리게 됩니다. 이 책은 지금까지 그의 삶을 대표하는 내용을 담고 있고 앞으로의 미래에 대한 고민도 함께할 수 있을 것 같습니다. 언제나 열정적으로 노력하는 노기섭 의원을 응원합니다. - **부산노동권익센터장 석병수**

노기섭 의원님의 '함께' 출판을 진심으로 축하드립니다. 노동, 인권, 청년의 삶 등 부산시민의 삶이 풍요로워지는데 커다란 업적을 남겼다고 확신합니다. 지난 시의회 4년 동안 옆에서 지켜본 동지의 진심과 열정이 '노기섭과 함께'를 통해 만덕동, 덕천동 그리고 부산시민에게 잘 전달되리라고 확신합니다. - **부산시의회 기획재경위원장 도용회**

새로운 부산을 만들기 위해 그동안 각고의 노력을 아끼시지 않은 노기섭 의원님의 출판을 진심으로 축하드리며 의원님의 경험과 소회를 담은 책을 발간한 것은 무척 뜻깊은 일이라고 생각합니다. 이 책이 부산지역 노동자의 삶의 질 향상과 부산시의 미래발전을 위한 비전을 이야기하고 함께 고민하는 데 밀알과 같은 존재가 되기를 희망합니다. 아무쪼록 지방선거에서 대승하시어 도약하는 부산을 만들기 위해 중심이 되어주시길 바랍니다. - **한국노총 부산지역본부 사무처장 곽영빈**

노기섭 의원과는 8대 시의회 전반기 기획행정위원회에서 동료 의원으로 같이 상임위 활동을 하였습니다. 상임위 초반부터 노동과 인권증진이라는 분명한 목표를 가지고 다양한 활동을 하였고, 그 결과 노동이사제 도입, 이동노동자쉼터, 노동권익센터 개소 등 결실을 맺을 수 있었습니다. 자신이 이루고자 하는 분명한 목표와 성실한 의정활동으로 동료의원들의 귀감이 되는 노기섭 의원의 출판을 진심으로 축하드립니다. - **부산시의회 의원 박승환**

지난해 무거운 약통을 메고, 아파트 단지를 방역해주시는 작은 거인의 모습이 아직도 기억에 남아 있습니다. 지금같이 시민들을 찾아가고, 보살피고, 경청한다면 시민들은 잊지 않을 것입니다. 항상 시민들을 위해 봉사해주셔서 감사합니다. - **만덕동 금정산뉴웰시티 입주자 대표 한홍섭**